THE LANGUAGE GYM

# "French Sentence Builders
# A Lexicogrammar approach"
## Pre-intermediate - Intermediate

# Answer Book

This is the answer booklet for "French Sentence Builders – A Lexicogrammar approach. Pre-intermediate – Intermediate".

It contains answers for all exercises and follows the exact order of the original book.

We hope that you enjoy using it and that your students enjoy working with "Spanish Sentence Builders – A Lexicogrammar approach".

Thanks,

Gianfranco Conti, Dylan Viñales & Ronan Jézéquel

Copyright © G. Conti, D. Viñales, R. Jézéquel



Imprint: Independently Published
# Answer book by Ronan Jézéquel

# Table of Contents

# Unit 1: Saying where I live

**1. Match**

**Il y a beaucoup de jeunes** – There are many young people
**Il y a beaucoup de rues piétonnes** – There are many pedestrian streets
**Il y a beaucoup de bâtiments anciens** – There are many old buildings
**Il y a beaucoup de magasins** – There are many shops
**Il y a beaucoup de bruit** – There is a lot of noise
**Il y a beaucoup de centres commerciaux** – There are many shopping centres
**Il y a beaucoup d'installations sportives** – There are many sports facilities
**Il y a beaucoup de bons restaurants** – There are many good restaurants
**Il y a beaucoup d'espaces verts** – There are many green spaces
**Il y a beaucoup de bâtiments modernes** – There are many modern buildings
**Il y a beaucoup de choses à faire** – There are many things to do
**Il y a beaucoup de choses à voir** – There is a lot to see

**2. Break the flow**

a) Ma ville est dans le centre de l'Angleterre
b) Ma ville est dans l'ouest de la France
c) Dans ma ville il y a beaucoup de bars et de boîtes
d) Dans mon quartier il y a beaucoup à faire et à voir
e) Dans mon quartier il y a beaucoup de pollution
f) Dans mon quartier il y a beaucoup d'espaces verts
g) Il y a aussi beaucoup de centres commerciaux
h) Il y a aussi beaucoup de magasins que j'aime

**3. Missing letters**

a) Il **y** a de rues piétonnes   b) Il y **a** beaucoup de b**â**timents anciens   c) Il y a beaucoup d'**e**spaces verts
d) Il n'**y** a p**a**s beaucoup de brui**t**   e) Il y a beaucou**p** de jeunes   f) Il **n'**y a pas beaucoup de pollution
g) Il y a beaucoup d'installations sportives

**4. Translate into English**

a) A lot of pollution   b) Many things to do   c) Many shops that I like   d) Many pedestrian streets   e) A lot of noise
f) Many green spaces   g) Many old buildings   h) There are many things to see   i) There are many sports facilities

**5. Complete**

a) Il y a beaucoup de choses à **faire**   b) Il y a beaucoup d'installations **sportives**   c) Il y a beaucoup d'**espaces** verts
d) Il y a beaucoup de bâtiments **anciens**   e) Il y a beaucoup de **magasins**   f) Il y a beaucoup de **bruit**
g) Il y a beaucoup de rues **piétonnes**   h) Il y a beaucoup de **jeunes**   i) Il n'y a pas beaucoup de **circulation**
j) Il n'y a pas beaucoup de **pollution**

**6. Faulty translation**

a) My town is in the **west** of **Germany**   b) I live in a **big** house on the coast
c) –   d) My **neighbourhood** is very big and modern   e) –   f) I **love** my neighbourhood because there is no crime
g) In my neighbourhood there are many **good** shops   h) –

**7. Complete the table**

Old buildings – **Vieux bâtiments**   Neighbourhood – **Quartier**   A lot to do – Beaucoup à faire
**There is no noise** – Il n'y a pas de bruit   Is in the north – **C'est dans le nord**   Is in the east – C'est dans l'est
**Modern buildings** – Des bâtiments modernes

**8. Complete the table**

**There is pollution** – Il y a de la pollution   A lot to do – **Beaucoup à faire**   **Many things** – Beaucoup de choses
Many good shops – **Beaucoup de bons magasins**   **Very dirty** – Très sale   **In my town** – Dans ma ville
In my neighbourhood – **Dans mon quartier**

### 9. Complete the translation

a) There are many **shops** that I like   b) There is a lot to do for **young people**   c) There are a lot of **green spaces**

d) One can **eat** well   e) It is a **safe** neighbourhood   f) There is a lot of **pollution**   g) There isn't much **noise**

### 10. Translate into English

a) In my town there is a lot to do for young people.

b) In my neighbourhood there are many restaurants.

c) I love my neighbourhood because there are many sports facilities.

d) What I like the most about my neighbourhood is that it is safe.

e) What I like the most about my neighbourhood is that it is very clean and quiet.

f) In my neighbourhood there are many malls with many good shops.

g) In my neighbourhood there is a lot to do for children.

h) The worst thing about my city is the pollution.

### 11. Correct the grammar/spelling errors

a) Beaucoup de bâtiments anciens   b) Il y a beaucoup **à** faire   c) **J'adore** mon quartier   d) Il y a plein de bons magasins

e) **C'est** dans le nord de l'Italie   f) Il y a beaucoup **de** jeunes   g) Il y a beaucoup **de** pollution

h) Il y a beaucoup à faire pour les jeunes **et** les enfants

### 12. Sentence puzzle

a) Dans mon quartier il y a beaucoup à faire.   b) Ma ville est dans le nord de l'Angleterre.

c) Dans ma rue il y a plein de bons magasins.   d) J'habite dans un très grand quartier moderne.

e) Ma ville est dans le sud de la France.   f) Dans ma rue il y a plein de bâtiments historiques.

### 13. Match

**Ancien** – Old   **Moderne** – Modern   **Propre** – Clean   **Sale** – Dirty   **Moche** – Ugly   **Joli** – Pretty

**Tranquille** – Quiet   **Bruyant** – Noisy   **Sûr** – Safe   **Dangereux** – Dangerous

### 14. Multiple choice

Bons magasins ; Bâtiments anciens ; Beaucoup à faire ; Beaucoup à voir ; Une rue sale ; Une ville moche ;

Plein de choses ; Des magasins chers ; C'est dans le sud

### 15. Complete with the correct option

a) Dans ma ville **il y a** beaucoup à voir.   b) Ma ville **est** dans le nord.

c) Dans ma **rue**, il y a des bâtiments anciens.   d) Dans ma rue, il y a plein de bons **magasins**.

e) **J'adore** ma rue car c'est tranquille.   f) J'aime les **gens** de mon quartier.

g) Mon quartier est un **lieu** sûr.   h) Dans ma ville, il y a beaucoup à faire pour les **jeunes**.

### 16. Match

**Beaucoup à faire** – A lot to do   **Dans mon quartier** – In my neighbourhood   **Dans ma ville** – In my town

**Des bâtiments** – Buildings   **Dans le nord** – In the north   **Les gens** – The people

**Pour les jeunes** – For young people   **Plein de magasins** – Many shops   **Des espaces verts** – Green spaces

**Dans ma rue** – In my street   **Plein de choses** – Many things

### 17. Spot the intruders

a) J'aime **beaucoup** les gens de mon quartier.   b) Dans ma rue, il y a beaucoup de **bons** magasins.

c) Ma ville est dans le nord **du pays**.   d) Le pire dans mon quartier, c'est la pollution **de l'air**.

e) Dans mon quartier, on peut **toujours** faire beaucoup de sports en plein air.

f) Dans mon quartier, il **n'**y a **pas** beaucoup à faire pour les jeunes.   g) Mon quartier est situé dans la banlieue **de la ville**.

h) J'adore mon quartier, car il y a beaucoup de bâtiments historiques **très jolis**.   i) Mon quartier est **trop** bruyant.

### 18. Find in the text

a) Je suis de   b) Est situé   c) Un très joli quartier   d) Il y a de nombreux bâtiments   e) Installations sportives

f) Il y a beaucoup à faire   g) Mon quartier est le plus animé   h) Plein de bons magasins

i) Ce que je n'aime pas   j) Beaucoup de bruit

## 19. Complete the translation of Ian's text

west ; far ; coast ; ugly ; outskirts ; dirty ; sports facilities ; shops ; young people ; criminality ; go out ; furthermore ; factories ; pollution ; worst ; near/close to ; noise

## 20. Answer the questions on Ian's text

a) Seize ans   b) À Nantes   c) Il est de Reading   d) Dans la banlieue de la ville   e) Sales et moches   f) Non

g) Ce n'est pas un quartier sûr, car il y a beaucoup de criminalité   h) Car il y a plein d'usines

i) Car son immeuble est situé très près de l'aéroport   j) Le pire de tout, c'est qu'il y a beaucoup de bruit

## 21. Find in the text

a) À cause du travail de mon père   b) Est situé   c) Joli   d) Ainsi il y a   e) Bruit   f) Il y a toujours des embouteillages

g) C'est le pire de tout   h) Pour les jeunes   i) C'est très animé   j) Rues piétonnes   k) En plein air

l) Qui sont ouvertes jusqu'à six heures du matin   m) Beaucoup de jolies boutiques   n) Les gens de mon quartier

o) Trop de touristes   p) C'est assez sûr   q) Dans les rues

## 22. Comprehension questions

a) On the outskirts of the city   b) Swimming pools and sports centres   c) Cinema, bowling alley, skating rink, good shops

d) There isn't any   e) Botanical garden, museum, swimming pool, mall, park   f) Jogging, rides her bike, walks the dog

g) Polite, calm, helpful   h) There are many green spaces, she likes nature

## 23. Complete the sentences

a) gens / gentils   b) quartier / beaucoup   c) y a / usines   d) trop / bruit

e) ville / espaces verts   f) rue / magasins   g) ma / sûr   h) chez / parc / vélo / chien

## 24. Translate into English

a) factories   b) there is/are   c) shops   d) neighbourhood   e) town   f) one can   g) facilities

h) furthermore/besides   i) street   j) park   k) near   l) safe

## 25. Find in the wordsearch

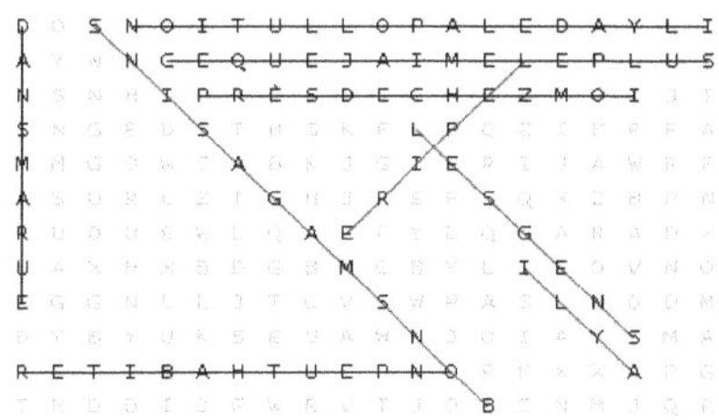

Good shops – **Bons magasins**     Near my house – **Près de chez moi**

There are – **Il y a**     There is pollution – **Il y a de la pollution**

What I like the most – **Ce que j'aime le plus**

The people – **Les gens**     In my street – **Dans ma rue**

The worst thing – **Le pire**

## 26. Complete with suitable words (accept any other correct answers)

a) appartement / la France   b) la banlieue   c) dangereux, sale, bruyant   d) n'y a / magasins

e) beaucoup / sûr   f) usines / quartier   g) magasin, restaurant, bar, parc   h) sale, moche / aime

## 27. Form logical phrases

Je vis dans le sud de la France ; Il y a un grand centre sportif ; Les gens sont très gentils et serviables ;

Ma ville est dans le nord de la France ; J'aime beaucoup ma ville ; Il y a de bons magasins ;

Le pire c'est qu'il y a beaucoup de circulation ; Dans mon quartier il y a des usines ;

Mon immeuble est moche et mal tenu ; Dans ma ville il y a beaucoup de pollution

## 28. Guided translation

a) Dans mon quartier il y a beaucoup de circulation.     b) Je n'aime pas mon quartier car c'est sale et dangereux.

c) Dans ma rue il y a beaucoup de magasins.     d) Ma ville est dans le nord de l'Angleterre.

e) Le pire dans mon quartier c'est la pollution.     f) Dans ma ville il y a beaucoup à faire pour les jeunes.

g) Près de ma maison, il y a un parc et une piscine.     h) Ce que j'aime le plus de mon quartier, c'est qu'il est sûr.

i) En général, les gens de mon quartier sont très polis.     j) Près de ma maison, il y a un jardin botanique.

**29. Spot the missing word**

a) Dans **mon** quartier il y a beaucoup de pollution.  b) Dans ma ville **il y a** beaucoup d'espaces verts.

c) En général, dans mon quartier les gens sont très **gentils**.  d) Dans ma rue il y a beaucoup **de** bons magasins.

e) J'habite dans **un** bâtiment très ancien et moche.  f) J'habite dans un **quartier** historique.

g) Le pire dans **mon** quartier, c'est le bruit.  h) Je **vis** près d'un aéroport.

i) Près de chez **moi**, il y a un très joli parc où je fais du vélo.  j) Mon quartier **est** très moche.

**30. Tangled translation**

a) Ma ville **est dans** le sud **de la France**.  b) Je vis **dans une** ville dans le **nord** de la France.

c) Ma **ville** s'appelle Nice. C'est **près** de l'Italie.  d) J'adore **ma** ville **car** c'est **très** animé.

e) Près de ma **maison** il y a un **centre commercial**.  f) Mon **quartier** est dans la **banlieue de** Toulouse.

g) Mon quartier est très **grand** et **moderne**.

h) Il y a beaucoup d'espaces **verts** et des installations sportives comme une **piscine** et un **gymnase**.

i) **Il n'y a pas** beaucoup de magasins **mais** il y a un centre commercial pas très **loin** de ma **maison**.

j) Dans ma **rue** il y a un parc très **grand** où je fais du **vélo** et promène le **chien**.

k) Ce que j'aime **le plus**, c'est **que** les gens **sont** gentils.

**31. Translate into French**

a) J'habite dans une ville    b) Mon quartier est    c) Près de chez moi    d) Des espaces verts    e) Il y a un centre commercial

f) Dans ma rue   g) Pas loin de    h) Je promène le chien   i) Je fais du vélo   j) Dans le nord de la France

k) Dans la banlieue   l) J'adore mon quartier    m) Le mieux    n) Beaucoup à faire pour les jeunes

**32. Translate into French**

J'habite dans une ville dans le nord de la France. Mon quartier est dans la banlieue de la ville. Mon quartier est grand et moderne. Il y a beaucoup d'espaces verts et d'installations sportives. Il n'y a pas beaucoup de magasins, mais il y a un centre commercial près de chez moi. Dans ma rue il y a un gymnase, un petit supermarché et un bar. Près de chez moi, il y a un grand parc où je fais du vélo et promène mon chien. Le mieux dans mon quartier est que les gens sont sympas et polis. Le pire est qu'il n'y a pas beaucoup à faire pour les jeunes.

**33. Complete the sentences creatively**

Accept any grammatically correct sentence. Less experienced students can adapt existing answers from the unit.

**34. Write a sentence for each of the following words** As above.

**35. Spot and correct the spelling/grammar mistakes**

a) M**on** quartier est dans l**a** banlieue de la ville.  b) Près de chez moi **il y a** un magasin de sport.

c) L**e** pire de tout, c'est la pollution.  d) Ce que je **préfère**, c'est le parc.  e) Où est **ton** quartier?

f) Les gens de **mon** quartier **sont** gentils.  g) Mon quartier **est** très grand et modern**e**.

**36. Write a paragraph in French about Marie in the first person singular (I) and one about Robert in the third (he)**

**Marie** Ma ville est dans le nord de la France. Mon quartier est situé en centre-ville. Il y a beaucoup d'installations sportives: deux centres sportifs, un club de tennis et trois gymnases. Dans mon quartier il y a deux grands parcs, mais il y a aussi beaucoup de pollution. Pour les jeunes, il y a beaucoup de bars, des boîtes et des concerts. Le mieux dans mon quartier, c'est que c'est sûr, et le pire c'est qu'il y a trop de touristes et de bruit. Les gens de mon quartier sont aimables et polis.

**Robert** Sa ville est dans le sud du Sénégal. Son quartier est dans la banlieue de la ville. Il y a une piscine, un stade et un centre sportif, et seulement un petit parc. Il n'y a pas de pollution, mais il y a un peu de bruit. Il n'y a pas beaucoup à faire pour les jeunes, car il y a seulement un centre commercial et un parc. Le mieux dans son quartier, c'est le stade. Le pire, c'est le crime. Les gens de son quartier sont accueillants et gentils.

# Question Skills Unit 1

**1. Split questions**

**Où** habites-tu? / **Dans quelle partie du pays** est ta ville? / **Qu'est-ce qu'il y a** pour les jeunes?

**Quels sites** touristiques y a-t-il? / **Décris** ta ville. / **Quelle est la pire** chose dans ta ville? / **Tu aimes** ton quartier?

**Comment sont** les magasins de ta rue? / **Pourquoi** tu n'aimes pas cela?

**2. Find and write in the missing words**

a) Décris **ta** ville.   b) Pourquoi **tu** n'aimes pas ton quartier?  c) Dans quelle partie de la ville **est** ton quartier?

d) Qu'est-ce qu'il y a **pour** les jeunes dans ta ville?   e) Quels sites touristiques y **a-t-il** dans ta ville?

f) Comment sont les magasins **dans** ton quartier?  g) Quelle est **la** pire chose dans ta ville?

h) Quelle **est** la meilleure chose dans ta ville?   i) Qu'est-ce qu'on peut **faire** dans ton quartier?

j) Tu as un **magasin** favori? Lequel?

**3. Match questions and answers**

| | |
|---|---|
| **Où est située ta ville?** | - Elle est dans le sud de l'Allemagne. |
| **Où est ton quartier?** | - Il est dans la banlieue de la ville. |
| **Comment s'appelle ton quartier?** | - Ça s'appelle Bogenhausen. |
| **Il y a quoi pour les jeunes dans ton quartier?** | - Il y a de jolis parcs et un centre commercial. |
| **Comment est la vie nocturne?** | - C'est très animé! Il y a beaucoup de bars. |
| **Quelle est la pire chose dans ton quartier?** | - La pollution, bien sûr! |
| **Quelle est la meilleure chose dans ta rue?** | - La tranquillité sans aucun doute. |
| **Est-ce qu'il y a des espaces verts?** | - Oui, il y a beaucoup de parcs. |
| **Tu aimes ton immeuble?** | - Non, car il est moche et vieux. |
| **Comment tu t'appelles?** | - Je m'appelle Hans. |
| **Quel âge as-tu?** | - J'ai dix-sept ans. |
| **Que fais-tu pendant ton libre?** | - Je fais du vélo dans le parc près de chez moi. |
| **Comment sont les gens de ton quartier?** | - Ils sont très gentils et polis. |

**4. Guided translation**

a) Pourquoi tu n'aimes pas ton village?   b) Est-ce qu'il y a des espaces verts?  c) Tu aimes ton immeuble?

d) Où est ton quartier?  e) Comment est la vie nocturne?   f) Où habites-tu?   g) Où est située ta ville?

h) Quel est le pire dans ta ville?

**5. Translate**

a) Pourquoi tu n'aimes pas...?   b) Où est situé Lyon?   c) Qu'est-ce qu'il y a dans...?   d) Comment est...?

e) Dans quelle partie...?   f) Quel est le pire?   g) Quel est le mieux?   h) Il y a...?   i) Quels magasins y a-t-il?

**6. Answer the following questions in your own words**

Accept any grammatically correct sentence. Less experienced students can adapt existing answers from the unit.

# Unit 2: Saying what I can do in my neighbourhood

### 1. Match

**On peut faire du sport** – One can do sport

**On peut se promener** – One can go for a walk

**On peut aller au stade** – One can go to the stadium

**On peut aller à la piscine** – One can go to the swimming pool

**On peut aller au cinéma** – One can go to the cinema

**On peut aller en boîte de nuit** – One can go clubbing

**On peut faire du footing** – One can go jogging

**On peut aller au bowling** – One can go to the bowling alley

**On peut aller faire les magasins** – One can go shopping

**On peut voir des concerts** – One can see concerts

**On peut voir des matchs de foot** – One can see football matches

**On peut visiter des galeries d'art** – One can visit art galleries

### 2. Complete with *aller, faire, visiter* or *voir*

a) On peut **faire** du sport   b) On peut **faire** du tourisme   c) On peut **faire** du footing    d) On peut **aller** au stade

e) On peut **visiter** des châteaux   f) On ne peut pas **aller** en boîte   g) On peut **aller** se promener   h) On peut **voir** des concerts

### 3. Break the flow

a) On peut visiter les galeries d'art dans la vieille ville

e) On peut voir des matchs de foot au stade

b) On peut se promener sur la plage

f) On peut visiter des châteaux dans la vieille ville

c) On peut faire du footing dans le parc

g) On peut acheter des vêtements dans la rue piétonne

d) On peut voir des concerts au stade

h) On peut faire du sport au centre sportif

### 4. Sentence puzzle

a) On peut voir des matchs de foot   b) On peut se promener dans le parc   c) On peut aller en boîte dans le centre

d) On peut visiter un château dans la vieille ville   e) On peut faire du sport au centre sportif

### 5. Translate into English

a) One can go for a walk    b) One can go clubbing    c) One can go to the swimming pool    d) One can go shopping

e) One can buy branded/designer clothes    f) One can ride the bike    g) One can go to the skating rink

h) One can see matches    i) One can go jogging in the park

### 6. Match actions and places

**On peut voir des matchs de foot** au stade

**On peut acheter de beaux vêtements** dans les magasins du centre

**On peut voir des plantes et des arbres** au jardin botanique

**On peut faire du vélo** au parc

**On peut bien manger** au restaurant

**On peut voir des films** au cinéma près de chez moi

**On peut faire de la natation** à la piscine

**On peut voir des bâtiments historiques et des châteaux** dans la vieille ville

### 7. Split sentences

**On peut voir** des films

**On peut manger** des plats typiques

**On peut voir des monuments** historiques

**On peut aller faire** les magasins

**On peut faire de la natation** dans la piscine

**On peut faire** du sport

**On peut voir des matchs** de foot

**On peut pratiquer** le cyclisme

### 8. Translate into English

a) To go shopping    b) The old town   c) To see matches   d) To see movies   e) To go to the stadium    f) The shops

g) The pedestrian street   h) To ride the bike   i) To go clubbing   j) To go sightseeing   k) The main square

### 9. Faulty translation

a) The old town    b) –   c) –   d) To go to the stadium   e) To go swimming   f) –   g) The pedestrian street

h) To go cycling   i) To see castles   j) To go clubbing   k) To go sightseeing   l) –

## 10. Spot and correct the grammar/spelling errors

a) On peut voir des spectacles folkloriques  b) On peut voir des bâtiments historiques  c) On peut **faire de la** natation
d) On peut visiter **un** château  e) On peut faire **du** vélo  f) On peut **faire du** footing  g) On peut visiter la **vieille ville**
h) On **peut voir** des matchs de foot  i) On peut **voir** un film au cinéma  j) On peut jouer **au** tennis

## 11. Match

**J'ai visité un palais** – I visited a palace    **J'ai fait du tourisme** – I did some sightseeing
**Je suis allé(e) à la plage** – I went to the beach    **J'ai fait du vélo** – I went cycling    **J'ai vu un film** – I saw a film
**Vendredi dernier** – Last Friday    **Avant-hier** – The day before yesterday    **Il y a trois jours** – Three days ago
**Hier** – Yesterday    **Le week-end dernier** – Last weekend    **J'ai fait les magasins** – I went shopping
**J'ai fait du sport** – I did sport    **J'ai pris des photos** – I took some photos

## 12. Complete with the missing letters

a) J'ai fait du v**élo**  b) J'ai f**ait** du sport  c) H**ier**   d) J'ai fait du tour**isme**  e) Je suis allé à la p**lage**
f) J'ai pr**is** beaucoup **de** photos  g) Le week-end **dernier**  h) Avant-**hier**   i) J'ai v**u** un fil**m**

## 13. Translate into English

a) The day before yesterday, I visited a castle in the old town.    b) Last Friday, I went to the park with my family.
c) Three days ago, I went to the stadium to see a football match with my father and my sister.
d) Last Saturday, I rode the bike in the park.  e) Last Sunday, I went to the swimming pool.
f) Yesterday, I played tennis in the tennis club near the school.    g) Last week, I went to the cinema with my girlfriend.
h) Yesterday evening, I saw an action film on TV.    i) Last weekend, I went shopping at the mall with my mother.
j) Yesterday morning, I didn't do anything.

## 14. Spot and add in the missing words

a) Hier j'ai visité **un** château.  b) Avant-hier je suis allé faire **les** magasins avec ma sœur.  c) Dimanche dernier je n'ai **rien** fait.
d) Vendredi dernier je suis allé **au** stade.  e) Il y a trois jours j'ai **fait** du tourisme dans le centre de Paris.
f) J'adore mon quartier car **on** peut faire beaucoup de choses.  g) La semaine dernière je suis allé **au** centre commercial.
h) Hier soir j'ai **vu** un film.  i) Hier j'ai fait **du** vélo.

## 15. Fill in the gaps

a) J'ai vu **un** film.
b) **J'ai** fait **du** sport.
c) J'ai **joué** au tennis.
d) J'ai **pris** beaucoup de photos.
e) J'ai fait du **sport**.
f) Je suis allé faire les **magasins**.

g) Je suis allé au **cinéma** pour voir un film.
h) Hier j'ai **joué** au foot avec mes amis.
i) Avant-hier je suis allé au **stade** pour voir un match.
j) Il y a trois jours j'ai fait du **footing** dans le parc.
k) Hier j'ai **visité** un palais dans la vieille ville.
l) Hier matin je n'ai **rien** fait.

## 16. Find and correct the mistakes in the translation of Serge's text

Hi! **My name is** Serge. I live on the outskirts of the city, near the **countryside**. My neighbourhood is very **ugly**. There are many old and **dirty** buildings. There is not much to do for young people. **However**, there are some sports facilities such as **basketball** courts, a **tennis** club and a gym. Also, there is a **small** park. Therefore, one can **do sport**. Yesterday, I did a lot of **sport**. In the morning I rode **the bike** in the park and played **basketball**. In the **evening** I went **swimming** in the **sports center** and after that I **lifted weights** with my best friend.

## 17. Find the French equivalent of the following phrases in Stéphanie's text

a) la vieille ville  b) près de la gare  c) bâtiments historiques  d) très joli  e) marché aux puces  f) en plein air
g) il n'y a pas grand-chose à faire  h) on peut jouer  i) hier, je suis allée faire les magasins  j) j'ai acheté
k) j'ai fait de la voile  l) c'était très amusant  m) je suis allée au ciné  n) nous avons vu un film romantique

## 18. Read Stéphanie's text and tick the words not mentioned

a) piscine  b) –  c) passé  d) –  e) choses  f) supermarché  g) banlieue  h) –  i) –  j) –  k) –  l) –

**19. True, False or Not mentioned?**

a) True    b) Not mentioned    c) True    d) False    e) Not mentioned    f) True    g) False

**20. Find the French equivalent in the text**

a) il y a beaucoup de choses à faire    b) pour les jeunes    c) beaucoup de jolis magasins    d) endroits historiques

e) près de la plage    f) on peut se promener à vélo    g) on peut voir des matchs    h) on peut faire de la natation

i) bien d'autres choses    j) hier matin    k) j'ai nagé    l) j'ai fait    m) je suis allé faire les magasins

n) j'ai fait du skate    o) je suis allé chez mon ami

**21. Do the tasks below**

a) bars ; restaurants ; shops ; sport facilities ; parks ; historic places ; main square ; stadium

b) one can ride the bike in the park ; one can see football matches in the stadium ; one can go swimming ;
one can go to the cinema ; and much more

c) swam ; lifted weights ; went shopping ; went skateboarding ; went to his friend's home to see a football match

**22. Translate the words you can find in Matthieu's text and cross out the rest**

a) ~~vieille ville~~    b) I did    c) ~~natation~~    d) shops    e) ~~tout de suite~~    f) ~~enfin~~    g) then/afterwards    h) yesterday

i) ~~demain~~    j) ~~soir~~    k) near    l) ~~loin~~    m) I went    n) to see    o) match    p) ~~personne~~    q) the square    r) the young people

s) ~~les retraités~~    t) weights    u) ~~avec nous~~

**23. Translate into French**

a) Centre historique    b) Bruit    c) Jeunes    d) Au bord de la mer    e) Promener    f) Installations sportives    g) Parcs

h) Donc    i) Beaucoup de choses    j) Vie nocturne    k) On peut se promener    l) Bien d'autres choses    m) Hier matin

n) J'ai bronzé    o) Je suis allé faire les magasins    p) Jouer à des jeux vidéo

**24. Correct any wrong statements about François's text**

a) His town is two hours away from the coast    b) He lives far from the sea    c) He loves going for a walk on the beach
d) His neighbourhood has a fantastic nightlife    e) His neighbourhood has some green areas
f) Yesterday he went shopping with his mother    g) He played videogames with Philippe
h) He watched a documentary about penguins

**25. Complete the sentences in French based on François's text**

a) Il s'appelle **François**    b) Sa ville s'appelle **Toulouse**    c) Le centre de sa ville est très **joli**

d) Le problème de Toulouse, c'est qu'il y a **beaucoup de circulation et de bruit**

e) La maison de ses grands-parents est au **bord de la mer**    f) Dans son quartier, il y a beaucoup de **magasins**

g) Dans son quartier, il y a beaucoup de choses à faire pour les **jeunes**

h) Hier il a joué à **des jeux vidéo** chez son ami Phillipe

i) Ce week-end François va voir une émission de télévision sur des **pingouins** qui vivent en **Patagonie**

**26. Complete with the missing letters**

a) **D**ans m**o**n **q**uartier    b) **O**n **p**eut **f**aire **b**eaucoup de **c**hoses    c) **O**n **p**eut **b**ien **m**anger    d) **O**n **p**eut **f**aire les **ma**gasins

e) **O**n **p**eut **f**aire **d**u **s**port    f) **O**n **p**eut **f**aire **d**u **vé**lo    g) **Il** **y** a **t**rois **j**ours **j**'ai **v**u u**n** **f**ilm

h) **H**ier **j**e s**u**is **a**llé a**u** **c**entre **c**ommercial

**27. Sentence puzzle**

a) Hier je suis allé voir un film au cinéma    b) Avant-hier j'ai fait du vélo dans le parc

c) Dans mon quartier on peut faire du sport    d) Il y a trois jours je suis allé à la piscine

e) Dans mon quartier il y a beaucoup de magasins    f) Dans mon quartier on peut faire beaucoup de choses

g) On peut jouer au frisbee dans le parc    h) La semaine dernière je suis allé au stade

i) Hier je suis allé voir un match de foot au stade avec mon frère

**28. Complete with a suitable word**

a) Hier je suis **allé** au cinéma pour **voir** un **film** d'action.
b) Avant-hier j'ai **fait** les magasins avec ma **mère** au **centre commercial** près de chez moi.
c) Dans mon **quartier** on peut **faire** beaucoup de choses.
d) La semaine dernière j'ai **fait** du vélo dans le **parc** près de chez moi.
e) J'habite dans la **vieille** ville, la partie historique de ma **ville**.
f) Dans mon quartier il y a une vie **nocturne** fantastique. On peut aller au **cinéma** et à des restaurants en plein **air**.
g) Le **week-end** dernier je suis **allé** au centre **sportif** près de chez moi. J'ai fait **de la** natation et j'ai joué **au** badminton avec mes **amis**.
h) On peut **visiter** beaucoup de musées, galeries d'**art** et palais **historiques**.
i) La semaine dernière je **suis** allé me promener dans la campagne. C'était **génial**.

**29. Translate into French**

a) Le parc   b) Mon quartier   c) Il y a trois jours   d) Hier   e) Avant-hier   f) La semaine dernière

g) Près de chez moi   h) On peut manger   i) Un match de foot   j) En plein air

**30. Spot and correct the mistakes**

a) –   b) On peut voir beaucoup de monuments.   c) On peut visiter des musées et des palais historiques.
d) Mon quartier est dans la banlieue.   e) Hier **je suis** allé au centre commercial près de chez moi.
f) Avant-hier j'**ai acheté** des vêtements dans un magasin du centre-ville.
g) Il y a trois jours j'**ai** fait de la musculation avec mon copain.
h) On peut aller **au** stade.   i) Hier matin, je suis allé **me** promener sur la plage.

**31. Complete**

a) J'ai **nagé**   b) J'ai **vu**   c) Je suis **allé**   d) J'ai **fait**   e) J'ai **acheté**   f) J'ai **visité**   g) J'ai **joué**

**32. Translate into French**

a) Dans mon quartier on peut faire beaucoup de choses.   b) Dans ma ville, il y a beaucoup de magasins et un marché aux puces.
c) Il y a un grand parc près de chez moi.   d) Dans la vieille ville il y a beaucoup de bâtiment historiques et un palais médiéval.
e) La vie nocturne est excellente. Il y a beaucoup de bars et restaurants.
f) On peut faire beaucoup de sports car il y a un grand centre sportif.   g) Hier, j'ai fait de la voile avec mon père.
h) Il y a deux jours, j'ai fait du vélo dans le parc avec mon meilleur ami.
i) La semaine dernière, je suis allé me promener sur la plage avec ma petite amie.
j) La semaine dernière, j'ai fait du tourisme à Paris. J'ai pris beaucoup de photos.
k) Il y a trois jours, je suis allé au centre sportif et j'ai nagé.

**33. Write two paragraphs in the first person singular (I) about Céline and Luke**

Accept any suitable answers for either text.

# Question Skills Unit 2

**1. Match questions and answers**

**Qu'est-ce qu'on peut faire pour garder la forme?** – On peut pratiquer le sport en plein air.

**Quelles installations sportives y a-t-il?** – Il y a un centre sportif très bien équipé.

**Quels sont les endroits à visiter?** – Il y a un château et une cathédrale.

**Comment est ton quartier?** – Il est très grand, moderne et tranquille.

**Il y a un centre sportif dans ton quartier?** – Non, on ne peut pratiquer le sport nulle part.

**Qu'est-ce que tu as fait le week-end dernier?** – J'ai fait du footing et j'ai joué au basketball.

**Tu as fait du sport la semaine dernière?** – Oui, j'ai fait du patinage et du vélo.

**Où es-tu allé le week-end dernier?** – Je ne suis allé nulle part.

**2. Complete the questions with: *Où, Comment, Quand, Quel(s), Qu'est-ce qui, Quoi or Qui***

a) **Comment** s'appelle ton quartier?

b) **Quel** est le mieux de ton quartier?

c) Depuis **quand** tu y habites?

d) **Quels** sont les endroits à visiter?

e) **Où** fais-tu du sport normalement?

f) Tu as fait **quoi** hier?

g) **Comment** a été ton week-end?

h) **Où** es-tu allé samedi?

i) Avec **qui** es-tu sorti?

j) **Qu'est-ce qui** a été le mieux?

**3. Sentence puzzle**

a) Qu'est-ce qu'on peut faire dans ton quartier?   b) Qu'est-ce qu'il y a pour les jeunes dans ton quartier?
c) Depuis quand tu habites dans ce quartier? d) Qu'est-ce qu'il y a à voir dans ton quartier?
e) Qu'est-ce que tu as fait dans ton quartier le week-end dernier?  f) Quelles installations sportives il y a dans ton quartier?
g) Avec qui es-tu sorti le week-end dernier?

**4. Complete with a suitable word**

a) Qu'est-ce qu'on **peut** faire dans ton quartier? b) Qu'est-ce que tu as **fait** le week-end dernier?
c) Avec qui tu es **sorti** hier? d) Tu t'es bien **amusé**? e) Comment est ton **quartier**?
f) Depuis quand tu **habites** ici?  g) Où **est** ton quartier?

**5. Write a question for each answer**

a) **Où est ta ville?** – C'est dans le nord du pays.

b) **Comment est ta ville?** – C'est une ville industrielle.

c) **Comment s'appelle ton quartier?** – Mon quartier s'appelle Sainte Lucie.

d) **Où est ton quartier?** – Il est dans la banlieue de la ville.

e) **Qu'est-ce qu'il y a dans ton quartier?** – Il y a des centres sportifs, une piscine et un stade.

f) **Qu'est-ce que tu as fait hier?** – Je n'ai pas fait grand-chose.

g) **Avec qui es-tu sortie?** – Je suis sortie avec mon petit copain.

h) **Quel était le mieux?** – Le mieux, c'était le temps. Il a fait beau.

i) **Quel était le pire?** – Le pire, c'était que j'ai dû faire mes devoirs.

**6. Guided translation**

a) Où est ton quartier?   b) Qu'est-ce qu'il y a pour les jeunes?   c) Avec qui tu es sorti?
d) Tu t'es bien amusé?  e) Tu as fait du sport?    f) Où es-tu allé?

**7. Translate into French**

a) Qu'est-ce qu'il y a comme attractions touristiques?   b) Qu'est-ce qu'on peut faire pour garder la forme?
c) Qu'est-ce que tu as fait le week-end dernier?  d) Comment est ton quartier?    e) Avec qui es-tu sorti?
f) Qu'est-ce que tu as fait la semaine dernière?

# Vocab Revision Workout 1

## 1. Match

**La ville** – The city   **Le sud** – The south   **Le pays** – The country   **Un quartier** –A neighbourhood
**Le mur d'escalade** – The climbing wall   **La vieille ville** – The old town   **Les bâtiments** – The buildings
**La banlieue** – The outskirts   **Les espaces verts** – The green spaces   **La vie nocturne** – The nightlife
**Le stade** – The stadium

## 2. Complete with *aller, faire, jouer, visiter* or *voir*

a) On peut **faire** de la natation.  b) On peut **voir** des matchs de foot.   c) On peut **faire** les magasins.
d) On peut **voir** des concerts.   e) On peut **visiter** des palais historiques.   f) On peut **jouer** au golf.
g) On peut **voir** des films.    h) On ne peut pas **aller** en boîte.    i) On ne peut pas **faire** de footing.

## 3. Sentence puzzle

a) Près de chez moi il y a une zone piétonne   b) Dans la rue piétonne il y a beaucoup de magasins
c) Dans la vieille ville il y a beaucoup de jolies rues   d) Près de chez moi il y a un mur d'escalade
e) On peut faire du sport au centre sportif   f) On peut voir des ruines romaines dans la vieille ville
g) Près du port il y a un très vieux château   h) On peut faire de la natation à la piscine municipale
i) Dans ma ville il y a beaucoup de choses à faire

## 4. Missing letters

a) Hier   b) J'ai f**ait**   c) On p**eut**   d) J'ai jou**é**   e) J'ai v**u**   f) La r**ue**   g) Mon qu**artier**
h) Ma v**ille**   i) On peut v**oir**   j) Se p**romener**   k) C'est s**ale**

## 5. Spot and correct the (many) spelling errors

a) Édimbourg e**st** en Écosse.  b) Près de chez moi il **y** a un**e** rue piétonne.  c) Dans mon quartier il y a un grand par**c**.
d) J'**aime** mon quartier parce qu'il e**st** sûr.   e) Mon quartier est prop**re** et bien entretenu.
f) Dans mo**n** quartier il y a beaucoup de circulation.   g) Dans mon quartier on peut faire du footing dans le par**c**.
h) Hier j'ai joué **au** ten**ni**s dans un club près de chez moi.   i) Avant-hier j'ai fait d**e la** natation à la piscine.

## 6. Categories

**Bâtiments:** 7 ; 14 ; 16 ; 17   **Sports:** 2 ; 3 ; 10 ; 13 ; 18   **Divertissements:** 4 ; 9 ; 11 ; 12   **Géographie:** 1 ; 5 ; 6 ; 8 ; 15

## 7. Match activity and place

**J'ai vu un match de foot** au stade   **J'ai vu un film** au cinéma   **J'ai fait de l'escalade** au mur d'escalade
**J'ai fait de la natation** à la piscine   **J'ai fait les magasins** au centre commercial   **J'ai fait du tourisme** dans la vieille ville
**J'ai fait de la musculation** au gymnase   **J'ai vu des plantes** au jardin botanique.

## 8. Complete with a suitable word

a) Je suis allé au centre **commercial**   b) J'ai visité le **château**   c) Je suis allé voir un **match**   d) J'ai joué au **tennis**
e) J'ai fait de la **natation** à la piscine   f) J'ai vu un **film** au cinéma.   g) J'ai fait du footing dans le **parc**.
h) J'ai fait les **magasins** au centre commercial.

## 9. Guided translation

a) J'habite à Londres   b) Près de chez moi   c) Dans mon quartier il y a beaucoup de jeunes
d) Il y a une belle rue piétonne   e) On peut faire du footing   f) On peut voir des films   g) Hier j'ai fait de la musculation

## 10. Translate into French

a) Je suis allé au centre commercial   b) Je suis allé voir un concert   c) J'ai vu un film au cinéma
d) J'ai nagé à la piscine   e) J'ai visité un château ancien   f) La semaine dernière j'ai joué au tennis
g) Le week-end dernier j'ai fait les magasins dans la zone piétonne
h) Hier j'ai fait de la randonnée avec mon frère dans le bois près de chez moi
i) Il y a deux jours j'ai fait du tourisme dans la vieille ville avec ma petite amie

# Unit 3: Describing my street

## 1. Match

**À droite de** – To the right of   **À gauche de** – To the left of   **Derrière** – Behind   **En face de** – Opposite to
**À côté de** – Next to   **Près de** – Near   **Loin de** – Far from   **Dans ma rue** – In my street
**Ma maison est** – My house is   **Dans mon quartier** – In my neighbourhood   **Mon bâtiment est** – My building is
**À dix minutes en voiture** – Ten minutes away by car   **À cent mètres de** – 100 metres away from
**À dix minutes à pied** – Ten minutes away on foot

## 2. Complete the translations

a) In my **street**   b) **Far** from   c) **100** metres away from   d) In my **neighbourhood**   e) My **house** is
f) Not **far** from   g) My **building**   h) Ten minutes away by **car**   i) **Next** to

## 3. Vrai ou Faux

a) V   b) V   c) F   d) F   e) F   f) V   g) V   h) F

## 4. Faulty translation

a) In my street **there are** many shops   b) –   c) The tennis club is **opposite** the school
d) There are no shops in my **town**   e) –   f) The park is behind the **train station**
g) There's a supermarket next to the **cinema**   h) The Chinese restaurant is 1 hour away **by car**

## 5. Break the flow

a) Dans ma rue il n'y a pas de magasins de vêtements   b) Il y a un restaurant à dix minutes à pied
c) La boulangerie est à côté de la boucherie   d) Où est la bibliothèque?
e) Le restaurant chinois est en face de l'église   f) Il y a un terrain de foot derrière mon collège
g) Dans ma rue il y a beaucoup de jolis magasins   h) Il y a un très bon restaurant près de chez moi

## 6. Complete with the missing letters

a) Il y a une égli**se** près de chez m**oi**. b) À c**ôté** du supermarché il y a un pa**rc**. c) Il y a un parc der**rière** le restaurant.
d) Il n'y a pas de magasins de vête**ments**. e) Où est la bibliothè**que**? f) Ma maison es**t** en face de la ga**re**.
g) Le mag**asin** est à droi**te** du cinéma. h) Il n'y a pas d**e** restaurants par i**ci**.

## 7. Multiple choice

a) 2   b) 3   c) 1   d) 2   e) 1   f) 3   g) 2   h) 3   i) 2   j) 1   k) 2   l) 3

## 8. Location puzzle

| Club de golf | | | Parking | | |
|---|---|---|---|---|---|
| **La maison de Marthe** | Supermarché | **Piscine municipale** | **Magasin de vêtements** | Bibliothèque | **Salon de coiffure** |
| Rue de la République | | | | | |
| La maison de Paul | **Grand café de l'Europe** | Restaurant italien | **Café des Sports** | Terrain de basket | **Cinéma Lumière** |
| Terrain de foot | Magasin de jouets | Marchand de glaces | **Jardin Public** | | Boucherie |

### 9. Translate into English

a) Marcel's house is opposite the train station    b) The local swimming pool is between the sports centre and the supermarket

c) The library is at the end of the street    d) To the right of the golf club there is a huge library

e) Behind the cinema there is a running track    f) Next to the cinema, to the left, there is a bus stop

g) To the left of my school there is a Chinese restaurant    h) Behind the police station there is a toy store

i) Next to Luc's house there is a football field and a basketball court

j) Near my house there is a very big sports centre with an olympic swimming pool

k) The stadium is very far from my house    l) I love my street because there are many shops

### 10. Find the French equivalent

a) mais j'habite    b) il y a beaucoup de choses à faire    c) installation sportives    d) dans ma rue il y a    e) une piste de patinage

f) j'ai fait de la musculation    g) cela a été très épuisant    h) il y a beaucoup de magasins    i) à cinq minutes à pied

j) à cent mètres de chez moi    k) au bout de la rue    l) très cool    m) j'ai acheté une paire de baskets

n) on peut manger vraiment bien    o) à côté de chez moi    p) à droite    q) j'ai mangé dans un restaurant chinois

### 11. Tick the items that you can find in Louise's text and cross out the ones you can't

| | | |
|---|---|---|
| a) In my neighbourhood | f) Yesterday | k) Olympic swimming pool |
| b) A lot of sport | g) ~~Tomorrow~~ | l) Sports shoes/trainers |
| c) ~~Music shop~~ | h) Very funny | m) ~~A skirt~~ |
| d) On the left | i) ~~To go jogging~~ | n) Near |
| e) The food was really good | j) Clothes shop | o) My house |

### 12. Answer the questions in English

a) because there are many things to do    b) gym, skating rink, sports centre, olympic swimming pool    c) lifting weights

d) five minutes away on foot    e) all sorts of things    f) at the end of the street    g) good    h) a Chinese restaurant

i) in the Chinese restaurant    j) really good    k) very cool    l) 100 metres away from her house

### 13. Find the French equivalent

a) j'habite à    b) une ville très jolie    c) dans la banlieue    d) installations sportives    e) donc    f) un gymnase très vieux

g) petit et moche    h) piscine    i) hier j'ai fait du footing    j) le bois    k) près de chez moi    l) pas très loin de chez moi

m) à dix minutes en voiture    n) on peut acheter de tout    o) j'ai beaucoup d'amis ici    p) où on peut manger vraiment bien

q) à côté de chez moi    r) à gauche    s) à droite

### 14. Answer providing as many details as possible

a) it's a very beautiful and historic city in the southwest of France    b) because there aren't many sports facilities

c) the gym is old and poorly equipped; the park is small, ugly, and poorly kept; the sports centre is very bad, it doesn't have a swimming pool or a tennis court    d) yesterday he went jogging in the park and rode the bike in the wood near his home

e) not far from his home, a ten-minute car ride away    f) all sorts of things    g) the videogames shops

h) he has a lot of friends here    i) an Italian restaurant    j) a Mexican restaurant    k) in the Mexican restaurant    l) tasty and spicy

### 15. Tick the items that you can find in Marcel's text

b, c, d, g, h, j, l, m, n,

### 16. Translate into English

a) to the right of the school    b) near my house    c) opposite the cinema    d) in front of the supermarket

e) at the end of the street    f) not far from my house    g) next to the swimming pool    h) a 5-minute walk away

i) 100 meters from my house

### 17. Sentence puzzle

a) Dans mon quartier il y a beaucoup de magasins    b) Il y a un gymnase à côté de chez moi    c) La piscine est au bout de la rue

d) Mon collège n'est pas loin de chez moi    e) Le cinéma est entre le parc et la bibliothèque

**18. Find in the wordsearch**

On the left – **À gauche**    It is next to – **C'est à côté**

On foot – **À pied**    By car – **En voiture**

On the right there is – **À droite il y a**

Near my house – **Près de chez moi**

In my neighbourhood – **Dans mon quartier**

Not far – **Pas loin**    The shop – **Le magasin**

At the end of the road – **Au bout de la rue**

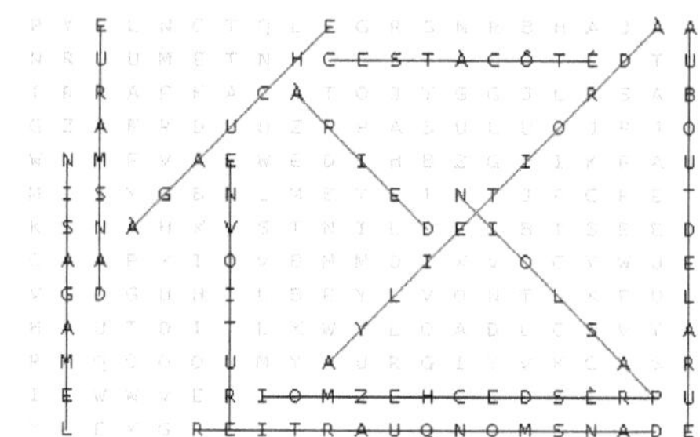

**19. Tick the words below which are names of shops**

a, d, e

**20. Complete with the missing letters**

a) Une boulan**gerie**   b) Une **bou**cher**ie**   c) Un par**c**   d) Une bi**bli**othè**que**

e) Un mag**asin** de **musique**   f) Un b**â**time**n**t   g) Un **magas**in de **s**port

**21. Complete with the missing words**

a) Dans ma rue il y a beaucoup de **magasins**   b) La boulangerie est à cinq minutes à **pied**

c) La bibliothèque est à **côté** de mon collège   d) La **boucherie** est là, à **droite**   e) Ma voiture est en **face** du supermarché

f) Le stade est très **loin** de chez moi   g) La piscine est au **bout** de la rue   h) Dans ma **rue** il n'y a pas beaucoup de **magasins**

i) **Derrière** mon bâtiment, il y a un parc

**22. Translate into French**

a) À côte de **chez moi**   b) E**n face** de mon **bâtiment**   c) **Loin** d' **ici**   d) À **droite**   e) À **gauche**

f) Pr**ès** de **chez** moi   g) **Derrière la boucherie**   h) À côte de la **boulangerie**

**23. Write a paragraph**

Accept any suitable answers.

# Question Skills Unit 3

**1. Match questions and answers**

**Tu aimes ton quartier?** – Non, je déteste habiter ici.

**Qu'est-ce que tu as fait dans ton quartier récemment?** – Je suis allé au parc avec mes amis.

**Pourquoi n'aimes-tu pas ton quartier?** – Car c'est très bruyant et ce n'est pas sûr.

**Quels magasins y a-t-il?** – Il y a de tout: des magasins de vêtements, de musique, etc.

**Où est ton quartier?** – Il est près du centre-ville.

**Qu'est-ce qu'il y a à côté de chez toi?** – Il y a un très bon restaurant chinois.

**Qu'est-ce qu'il y a pour les jeunes?** – Il y a un parc d'attractions et un club de jeunes.

**Ton collège est loin de chez toi?** – Non, c'est très près, à dix minutes à pied.

**Dans quelle rue est ta maison?** – Dans la rue Matisse.

**Il y a des installations sportives dans ton quartier?** – Oui. Par exemple, il y a un centre sportif.

**2. Complete with the missing words**

a) Comment s'**appelle** ta rue?  b) Où **est** ta rue?  c) Tu **aimes** ton quartier?  d) Pourquoi tu **ne** l'aimes pas?

e) Qu'est-ce qu'il y a pour les **jeunes**?  f) Quels m**agasins** il y a dans ton quartier?  g) Il **y** a des installations sportives?

h) Qu'est-ce qu'il y a en **face** de chez toi?  i) Il y a un parc **près** de chez toi?  j) Ton collège est l**oin** de chez toi?

**3. Split questions**

**Comment** s'appelle ton quartier?

**Où** est ton appartement?

**Il y a** des installations sportives?

**Pourquoi** tu n'aimes pas ton quartier?

**Depuis** quand tu y habites?

**Qu'est-ce qu'**il y a pour les jeunes?

**Quels sont** les endroits à visiter dans ton quartier?

**Avec** qui es-tu sorti?

**Où** es-tu allé hier?

**Qu'est-ce qu'il** y a de mieux où tu habites?

**4. Translate into English**

a) What is your neighbourhood called?   b) In which part of the city is it located?

c) Tell me about your neighbourhood. Do you like it?   d) Are there sports facilities?   e) What is there for young people?

f) What is the worst thing about your neighbourhood? And the best thing?   g) What is there opposite your house?

h) What is there next to your house?   i) What did you do last weekend?   j) Where did you go? With whom? How was it?

k) Since when/how long have you lived there?

**5. Guided translation**

a) Comment s'appelle ton quartier?   b) Où est-il situé?   c) Qu'est-ce qu'il y a dans ton quartier?

d) Qu'est-ce qu'il y a de mieux?   e) Depuis quand?   f) ...le week-end dernier?   g) Où es-tu allé? Avec qui?

h) Comment c'était?

# Unit 4: Describing my home and furniture

**1. Translate into English**

a) in the countryside    b) on the outskirts    c) in the kitchen    d) in the living room    e) in the playroom    f) in the attic

g) in the garden    h) in the garage   i) in my bedroom    j) in my parents' bedroom    k) in my brother's bedroom

l) in the basement

**2. Match**

**Un placard** – A cupboard    **Un lit** – A bed    **Une étagère** – A bookshelf    **Une chaise** – A chair

**Un fauteuil** – An armchair    **Un bureau** – A desk    **Un tapis** – A carpet    **Une télévision** – A television

**Un frigo** – A fridge    **Un four** – An oven    **Des rideaux** – Curtains

**3. Write, in French, in which rooms the following objects are most likely to be found**

a) le salon, la salle à manger   b) la chambre, le bureau (office)   c) la chambre, le salon   d) le salon

e) la salle de bain   f) la salle de bain   g) la cuisine   h) la chambre   i) la chambre, le salon   j) la salle de jeux

k) la chambre   l) le salon   m) le garage   n) le jardin   o) la chambre, le salon   p) la chambre, la salle de bain

**4. Complete with the missing letters**

a) La dou**che**   b) La ta**ble**   c) Le l**it**   d) Le b**ureau**   e) L'**ar**bre   f) La cha**ise**   g) Les **jouets**

**5. Write Probable (likely) or Improbable (unlikely)**

a) Improbable   b) Probable   c) Improbable   d) Improbable   e) Probable

**6. Multiple choice**

a) 1   b) 3   c) 2   d) 1   e) 2   f) 3   g) 1   h) 2   i) 1   j) 2   k) 3

**7. Faulty translation**

a) In the kitchen there is a table and a chair   b) In my bedroom there are red curtains   c) –

d) In our garden there aren't any trees   e) –   f) Beside my bed there is a bedside table   g) The mirror is near the door

h) –   i) In the kitchen there is a big wardrobe

**8. Spot the hidden phrases, fill in the gaps and translate into English**

a) Une petite chambre – A small bedroom   b) Un grand lit – A big bed   c) Un joli jardin – A pretty garden

d) Une cuisine énorme – An enormous kitchen   e) Une salle à manger moderne – A modern dining room

f) Un très vieux miroir – A very old mirror   g) Un salon très confortable – A very comfortable living room

**9. Write Vrai (true) or Faux (false)**

a) Vrai   b) Faux   c) Faux   d) Vrai   e) Faux   f) Vrai   g) Vrai   h) Faux   i) Faux   j) Vrai   k) Vrai

**10. Answer the questions in English**

a) On the outskirts   b) Climbing wall, skating rink, slide   c) Every day   d) Play frisbee, go jogging, ride the bike

e) Gym, swimming pool   f) Seventh floor   g) Kitchen, living room, two bathrooms, playroom, three bedrooms

h) Because it's very welcoming and well decorated   i) Bedside table and armchair   j) Wardrobe   k) Desk   l) The TV

m) Listens to music, reads books and magazines, does his homework

**11. Find the French equivalent**

a) à côté de chez moi   b) un mur d'escalade   c) faire du vélo   d) à cent mètres à pied   e) au septième étage

f) une salle de jeux   g) est très accueillante   h) la chambre de ma grande sœur   i) de l'autre côté   j) dans le coin

k) derrière la télévision   l) à droite de la fenêtre

**12. Spot the FIVE words on the list below which are not contained in Pierre's text**

a) Moto   j) Grenier   k) Loin   m) Lumineux   o) Promenade

**13. Complete the sentences based on François's text**

a) He lives with his family in a historic building in the centre of the city    b) In the parks there is a lot of space to play

c) In his neighbourhood there are many monuments, theatres, cinemas, restaurants, outdoor bars, many beautiful shops and a big aquarium    d) His building is very old

e) In his flat there is a kitchen, a living room, a dining room, two bathrooms, a playroom and two bedrooms

f) His favourite room is his bedroom because it's very welcoming    g) The bed is big and comfortable

h) To the right of the bed there is a bedside table and a mirror    i) There is a big wardrobe in the corner

j) The TV is small but new    k) Behind the TV there is a very large window

**14. Faulty translation**

My favourite room is my bedroom because it is very **welcoming** and is very well furnished and decorated. There is a very big and **comfortable** bed. To the left of the bed there is a very spacious **desk**. To the right there is a **bedside/night** table and a **mirror**. On the other side of the room, in the corner, there is a huge **wardrobe**. Next to the wardrobe, **opposite** the bed, there is my computer and a TV. The TV is very small, but is **new**. **Behind** the TV there is a very large window. To the right of the window there is an armchair. I spend a lot of time in my bedroom listening to music, **playing in my computer**, playing the guitar, **reading** and doing my homework.

**15. List as many words from François' text as possible, under the following headings**

**Adjectives:** historique, joli, ancien, accueillante, grand, confortable, spacieux, énorme, petite, neuve, grande
**Furniture:** lit, bureau, table de chevet, miroir, armoire, fauteuil
**Verbs:** je m'appelle, je suis de, j'habite, j'adore, il y a, voir, faire, jouer, j'y vais, est, je passe, écouter, lire
**Locative adverbs/prepositions:** près du, à droite de, de l'autre côté de, à côté de, en face de, derrière

**16. Arrange the words in each sentence in the correct order**

a) Dans ma chambre il n'y a ni télévision ni ordinateur

b) Dans la cuisine il y a une table, deux chaises, un frigo, un four et un placard

c) Dans le salon il y a deux fauteuils, un tapis, un canapé et une télévision

d) Il n'y a pas de chaises dans ma chambre mais il y a un fauteuil très confortable

e) Le miroir est à côté de la porte et la fenêtre est derrière le bureau

**17. Translate into French**

a) Une **belle chaise**   b) Une **cuisine lumineuse**   c) Un **tapis rouge**   d) Des **rideaux bleus**   e) Un **appartement spacieux**

f) Une **vieille armoire**   g) Un **lit confortable**   h) Un **bâtiment**   i) Une **nouvelle télévision**

**18. Complete with a suitable word (accept any other correct suggestions)**

a) Dans mon quartier il y a beaucoup de **magasins**.    b) Ma pièce favorite est la **cuisine** parce qu'elle est **lumineuse**.

c) À côté de l'armoire il y a une **lampe**.   d) Le miroir **est** à côté de la **porte**.   e) Chez moi il y **a** sept pièces.

**19. Insert *de la* ou *du* as appropriate**

a) de la   b) de la   c) du   d) du   e) du   f) du   g) du   h) du

**20. Spot and add the missing words**

a) La cuisine **est** à côté de la salle à manger   b) Chez moi **il y a** sept pièces   c) Dans le salon il y a **un** tapis rouge

d) J'habite **dans** un bâtiment ancien   e) Le miroir est **à** côté de la porte   f) J'adore **la** cuisine

g) La télévision est en face **de** mon lit   h) La chambre de **mes** parents est très grande

**21. Translate into French**

a) Dans mon appartement il y a six pièces   b) Ma pièce préférée est...   c) J'aime aussi ma chambre

d) Ma chambre est lumineuse   e) Il y a aussi un grand bureau   f) Il y a un grand lit confortable

g) J'habite dans un bâtiment moderne   h) Je n'aime pas mon salon

## 22. Spot and correct the errors

a) Dans ma chambre **il y a** un bureau très grand   b) Dans ma maison il y a six piè**c**es

c) Dans mon quartier il y a beaucoup **de** magasins   d) M**a** pièce favorite **est** le salon

e) Ma chambre est très grande et lumineu**se**   f) J'habite d**a**ns un bâtiment ancien   g) Le salon es**t** bien meublé

h) À côté d**u** lit il y a une table **de** chevet   i) J'adore ma maison car elle est **confortable, moderne, jolie etc…**

## 23. Complete each sentence with an appropriate verb

a) appelle   b) est   c) est   d) y   e) peut; faire; acheter   f) adore   g) est   h) passe   i) fais   j) joue   k) fais   l) aime

## 24. Translate into French

J'habite dans un beau quartier dans la banlieue de Montpellier, une ville dans le sud de la France. J'aime beaucoup mon quartier car il y a beaucoup de choses à faire pour les gens de mon âge. Il y a beaucoup de bons magasins, deux jolis parcs, trois grands centres commerciaux et beaucoup d'installations sportives. Il y a aussi beaucoup de bars et restaurants.

J'habite dans un grand appartement dans un bâtiment moderne. Dans mon appartement il y a sept pièces. Ma pièce préférée est ma chambre car c'est spacieux et bien meublé. Aussi, le lit est grand et confortable et il y a un grand bureau avec un ordinateur neuf.

## 25. Write two 80-100 word paragraphs in the first person

J'habite à Quimper. Mon quartier est situé en centre-ville. J'aime mon quartier car il y a beaucoup de bons magasins et d'excellentes installations sportives. Il y a aussi beaucoup de bars et restaurants, et il y a un joli parc près de chez moi. J'habite dans un appartement avec sept pièces et ma pièce préférée est ma chambre, car elle est spacieuse, lumineuse et bien meublée. Je déteste le salon car c'est mal meublé, c'est petit et le canapé est vieux et moche.

Ma maison est grande et moderne. J'adore mon salon car il est est bien meublé et lumineux. Dans le salon il y a un grand canapé. À côté du canapé il y a une petite table et en face il y a une télévision. J'adore aussi ma chambre car elle est accueillante. Dans ma chambre il y a un grand lit confortable. À côté du lit, il y a une table de chevet et a côté et à côté de la table de chevet, il y a une armoire énorme. En face de l'armoire il y a un grand bureau avec un ordinateur.

## 26. Write a paragraph in French in the first person

J'habite à Bruxelles, la capitale de la Belgique. Je vis dans la banlieue, dans un quartier résidentiel. J'aime mon quartier car on peut faire beaucoup de sport. Il y a beaucoup d'installations sportives, comme des gymnases, un centre sportif, deux terrains de foot, des clubs de tennis et de golf, des piscines et un stade. Il y a aussi un centre commercial énorme, un beau parc et une rivière. Le week-end dernier, j'ai fait beaucoup de sport. J'ai fait du vélo dans le parc, de la musculation au gymnase, j'ai joué au foot avec mes amis d'école et je suis allé à mon centre commercial favori avec ma petite amie. J'ai passé un bon moment. Dans ma rue, il y a beaucoup de bons magasins et restaurants. Par exemple, il y a un bon restaurant italien à côté de chez moi. Dans mon appartement il y a sept pièces: une cuisine, deux salles de bain, trois chambres et un salon. Ma pièce favorite est le salon, car c'est grand, bien meublé et lumineux. Il y a aussi un canapé très confortable et une télévision neuve. Le canapé est en face de la télévision. À gauche du canapé, il y a un fauteuil et à sa droite il y a une grande plante. Devant le canapé, il y a une petite table noire. Entre le canapé et la télévision il y a un vieux tapis.

# Question Skills Unit 4

**1. Faulty translation**

a) Do you live in a building?    b) Describe your bedroom    c) –    d) Do you share your room with someone?

e) What do you like about your bedroom?    f) How many bedrooms are there?    g) How many rooms are there in your house?

h) Why don't you like the living room?    i) –    j) Is there any playroom in your house?

**2. Complete with the missing words**

a) **Qu'**est-ce qu'il y a dans ta chambre?    b) **Combien** de pièces il y a dans ton appartement?

c) **Quelle** est ta pièce favorite?    d) Dans **quelle** pièce fais-tu tes devoirs?    e) **Pourquoi** tu n'aimes pas ta chambre?

f) Depuis **quand** habites-tu ici?    g) Avec **qui** habites-tu?    h) Il y **a** une salle de jeux chez toi?

i) Tu **as** des posters dans ta chambre?    j) Qu'est-ce que tu **aimes** le plus chez toi?

**3. Match questions and answers**

**Tu habites dans une maison ou un appartement?** – J'habite dans une maison.

**Il y a combien de pièces dans ta maison?** – Il y a sept pièces au total.

**Depuis quand habites-tu ici?** – Depuis cinq ans.

**Quelle est ta pièce favorite? Pourquoi?** – Je préfère le salon, parce qu'il est spacieux.

**Dans quelle pièce passes-tu le plus de temps?** – Je passe des heures dans ma chambre.

**Où fais-tu tes devoirs?** – Je fais mon travail scolaire dans le salon.

**Décris ta chambre.** – C'est petit, mais très accueillant.

**Tu partages ta chambre avec quelqu'un?** – Oui, je la partage avec mon grand frère.

**Qu'est-ce que tu préfères de ta chambre?** – Ce qu'il y a de mieux, c'est mon grand lit!

**Comment est la cuisine?** – Elle est jolie et il y a un grand frigo.

**4. Guided translation**

a) Décris ta chambre    b) Tu vis dans une maison ou un appartement?    c) Où fais-tu tes devoirs?    d) Avec qui habites-tu?

e) Tu partages ta chambre?    f) Tu aimes ta maison?    g) Depuis quand tu habites là?    h) Quelle est ta pièce favorite?

# Vocab Revision Workout 2

## 1. Match

**Au bout de** – At the end of   **À côté de** – Next to   **Derrière** – Behind   **Loin de** – Far from
**À dix minutes à pied** – A ten minute walk   **En face de** – Opposite   **Près de** – Near   **À droite de** – To the right of
**À gauche de** – To the left of   **Au coin de** – On the corner of   **Devant** – In front of
**À dix minutes en voiture** – A ten minute car ride

## 2. Missing letters

a) Il y a une biblio**thè**que.  b) Il y a un terra**in** de foot.  c) Il y a une boulang**erie**.  d) Il y a un supermar**ché**.
e) Il y a un magas**in** de vêtements.  f) Il n'y a pas d'égl**ise**.  g) Il n'y pas de pisc**ine**.  h) J'habite dans un appa**rtement**.
i) Je vais au thé**âtre**.  j) Mon collège est à **g**auche.  k) Ma maison est à dro**ite**.  l) Le magasin est au bout de la **r**ue.

## 3. Break the flow

a) Près de chez moi il y a un petit parc.   b) Chez moi il y a cinq pièces.   c) Dans ma rue il y a beaucoup de bons magasins.
d) J'habite dans le nord de la France près de Lille.   e) J'aime mon quartier car il y a beaucoup de choses à faire.
f) J'habite dans une ville touristique dans le sud du pays.   g) Il n'y a pas de restaurants près de chez moi.
h) Ma maison est entre la boucherie et lesupermarché.

## 4. Write an A next to the adjectives and an N next to the nouns

a) A   b) A   c) N   d) A   e) A   f) N   g) N   h) N   i) A   j) A   k) N   l) N   m) N   n) A   o) N   p) N   q) N   r) A

## 5. Spot the incorrect translations and fix them. Note: not all the translations are wrong

a) My house is welcoming   b) I live in an industrial neighbourhood   c) In my bedroom there are blue curtains
d) My house is next to the butcher's   e) In my kitchen there is a very big oven   f) –   g) My flat is in a modern building
h) Near my house there is a very beautiful park   i) At the end of the street there is a supermarket
j) In my building there are seven floors

## 6. Complete

a) **Près** de chez moi   b) Dans mon **q**uartier   c) Il y a beaucoup de **b**ruit   d) Hier j'ai **fait** du footing
e) Au bout de la **r**ue   f) J'habite dans un **appartement**   g) Dans ma **v**ille   h) Ma maison est **b**elle   i) Une grande **armoire**

## 7. Complete with *allé, joué, fait* or *vu*

a) J'ai **vu** un film au cinéma.  b) Je suis **allé** au parc avec mon chien.  c) J'ai **joué** au tennis au centre sportif.
d) J'ai **fait** de l'escalade dans le parc.  e) Je n'ai rien **fait** hier.  f) J'ai **joué** au basket au collège.
g) Je suis **allé** au stade voir un match.  h) J'ai **vu** des dessins animés.   i) J'ai **fait** de la musculation.
j) J'ai **fait** du tourisme en ville.

## 8. Slalom writing

a) Hier je suis allé à la piscine seul   b) Dans ma ville il y a beaucoup à faire   c) Dans ma chambre il y a un bureau
d) Il y a deux jours je n'ai rien fait   e) La bibliothèque est en face du magasin   f) Mon salon est assez spacieux
g) C'est à cinq minutes à pied

## 9. Translate into French

a) J'habite dans le nord de la France, sur la côte   b) J'habite dans un quartier dans la banlieue.
c) J'habite avec mes parents et mes deux frères   d) Mon quartier est ennuyeux et dangereux
e) Il n'y a rien à faire pour les jeunes   f) Il y a seulement un centre sportif et quelques magasins
g) Le week-end dernier j'ai joué au tennis et au basket   h) Je suis aussi allé en centre-ville. J'ai regardé un film

# Unit 5: Saying what I did & am going to do at the weekend

**1. Match**

**Nous allons faire des courses** – We are going to go shopping
**Nous allons jouer au basket** – We are going to play basketball
**Nous allons voir un film** – We are going to watch a film
**Nous allons lire un livre** – We are going to read a book
**Nous allons faire du sport** – We are going to do sport
**Nous allons faire de la natation** –We are going to go swimming
**Nous allons aller au stade** – We are going to go to the stadium
**Nous allons faire nos devoirs** – We are going to do homework
**Nous allons jouer aux jeux vidéo** – We are going to play videogames
**Nous allons voir un concert** – We are going to see a concert
**Nous allons faire du vélo** – We are going to ride the bike

**2. Complete with *aller, faire, jouer* ou *voir***

a) Je vais **faire** des courses   b) Je vais **voir** un concert   c) Nous allons **jouer** au tennis
d) Nous allons **aller** au centre commercial   e) Je vais **aller** à la campagne   f) Je vais **faire** du sport
g) Je vais **voir** un film au cinéma   h) Je vais **aller** au stade   i) Je vais **faire** du cheval à la campagne

**3. Complete with the missing letters**

a) Je vais voir un film   b) Je vais aller au stade   c) Nous allons faire du sport   d) Nous allons jouer au basket
e) Je vais aller au parc   f) Ce sera amusant   g) Nous allons faire du cheval   h) Nous allons aller au centre commercial
i) Nous allons faire de la natation

**4. Faulty translation: correct the mistakes in the translations below (not all are wrong!)**

a) Next **Saturday** I am going to watch a film   b) Next weekend **we are** going to **ride a bike**
c) My friend and I are going to go **climbing**   d) Sunday **evening** I am going to go shopping
e) Next Saturday my aunt is going to go to the **pool**   f) On Monday **I am** going to do **my** homework
g) I am going to go out with my friend in the **morning**

**5. Sentence puzzle**

a) Samedi prochain nous allons aller au stade   b) Le week-end prochain je vais aller au centre commercial
c) Le week-end prochain nous allons faire des courses   d) Dimanche prochain je vais aller à l'église
e) Mes parents vont voir un film au cinéma   f) Ma sœur va aller à la piscine avec ses amies
g) Vendredi prochain mon frère va aller à une fête

**6. Multiple choice**

a) 2   b) 2   c) 3   d) 1   e) 2   f) 1   g) 3   h) 1   i) 3

**7. Find in the wordsearch**

Boring – **Ennuyeux**   Exciting – **Passionnant**
It will be – **Ce sera**      To do nothing – **Ne rien faire**
To do sport – **Faire du sport**
To go for a walk – **Faire une promenade**
To play – **Jouer**   To ride a bike – **Faire du vélo**
To ride a horse – **Faire du cheval**
To watch a film – **Regarder un film**

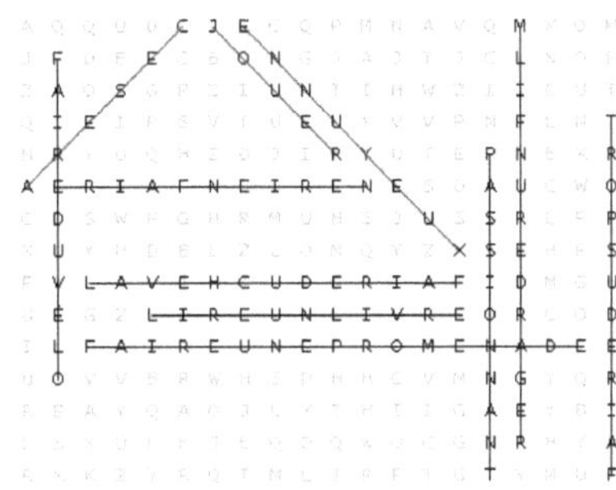

**8. Translate into English**

a) Next Saturday my girlfriend and I are going to see a film

b) Next weekend my brother and I are going to play badminton

c) Next Friday my parents are going to see a puppet show

d) Next Sunday, in the afternoon, I'm going to go shopping with my mother

e) Next weekend my sister is going to go to the swimming pool with her boyfriend

f) Next weekend I'm going to do my maths homework

g) Next Saturday, in the morning, I'm going to go to the park with my younger brother

h) Afterwards, my brother and I are going to eat in the Italian restaurant near our house

**9. Match**

**J'ai fait des courses** – I went shopping   **J'ai lu un livre** – I read a book   **J'ai vu un film** – I watched a film

**J'ai fait du cheval** – I rode a horse   **Je n'ai rien fait** – I didn't do anything

**Je suis allé à la bibliothèque** – I went to the library   **Nous avons fait du sport** – We did sport

**J'ai joué au basket** – I played basketball   **Nous avons joué au tennis** – We played tennis

**Nous avons fait du footing** – We went jogging   **Nous n'avons rien fait** – We didn't do anything

**10. Complete with the missing letters**

a) J'ai fait des courses   b) Nous sommes allés à la campagne   c) Nous avons fait du sport   d) J'ai vu un film

e) Je suis allé au stade   f) J'ai lu un livre   g) Nous avons joué au basket   h) Nous avons vu des monuments   i) Je n'ai rien fait

**11. Choose the correct verb and cross out the wrong ones**

a) J'ai ~~fait~~ / ~~vu~~ / **joué** au basket.   b) Je n'ai rien **fait** / ~~vu~~ / ~~joué~~.   c) J'ai **fait** / ~~lu~~ / ~~joué~~ du vélo.

d) J'ai ~~vu~~ / ~~lu~~ / **écouté** de la musique.   e) J'ai ~~bu~~ / ~~lu~~ / **fait** des courses.   f) Je n'ai rien **vu** / ~~joué~~ / ~~fait~~.

g) Nous avons ~~fait~~ / ~~lu~~ / **joué** au tennis.   h) J'ai ~~vu~~ / **lu** / ~~écouté~~ un livre.

**12. Anagrams**

a) Je suis allé faire des courses   b) J'ai vu un film   c) Je n'ai rien fait   d) J'ai joué au basket   e) Nous sommes allés au stade

f) Nous avons fait du sport   g) Je n'ai pas fait mes devoirs   h) Nous avons joué au tennis

**13. Slalom writing**

a) Samedi dernier je suis allé faire des courses avec ma petite amie.   b) Vendredi dernier j'ai fait mes devoirs après le collège.

c) Dimanche dernier je n'ai rien fait. J'ai seulement vu un film. d) Il y a trois jours je suis allé au gymnase avec mon frère aîné.

e) Avant-hier j'ai joué au basket avec mes amis.   f) Samedi prochain je vais aller au stade avec mon cousin.

g) Vendredi prochain je vais faire du tourisme dans la vieille ville.

**14. Translate into English**

a) I went to the swimming pool   b) I am going to go shopping   c) We went to the bowling alley

d) My friend and I did sport   e) We are going to ride the bike   f) I went swimming   g) I am going to go to the stadium

h) We played basketball   i) We went sightseeing   j) We ate pancakes   k) I read a novel   l) I saw cartoons

m) We went to the stadium   n) I went for a walk in the park

**15. Complete the hidden sentences**

a) J'ai vu un concert   b) J'ai fait des courses   c) J'ai joué au basket   d) Nous sommes allés au stade

e) Je suis allé chez un ami   f) Je n'ai rien fait   g) Nous avons fait du tourisme   h) J'ai lu un roman

i) Je suis allé à la piscine   j) J'ai fait de la natation   k) Nous sommes allés au bowling

**16. Complete the table**

a) dernier, vélo, parc   b) vendredi, vu, télé   c) j'ai, courses, centre   d) hier, j'ai fait, piscine

e) il y a, film, cinéma   f) dernière, j'ai joué, collège   g) week-end, je suis allé, ami

**17. Complete the table**

Nous avons fait des courses ; J'ai fait mes devoirs ; Je fais mes devoirs ; Je vais faire du skate ; Je suis allé au stade ;
Je vais aller au stade ; J'ai fait du cheval ; Je vais faire du cheval ; Je vais aller à une fête ; J'ai fait du vélo ; J'ai vu un film ;
Je vais voir un film ; Je vois des dessins animés ; Je vais voir des dessins animés

**18. Find in the text the French equivalent**

a) je n'ai rien fait de spécial   b) je suis rentré chez moi   c) j'ai mangé un sandwich   d) j'ai fait mes devoirs

e) je suis allé au gymnase   f) c'était épuisant   g) j'ai vu un film   h) ce n'était pas passionnant du tout

i) je suis allé faire des courses   j) l'après-midi   k) j'ai fait du vélo   l) avec ma petite amie   m) s'est bien amusés

n) elle est très intelligente et marrante   o) je suis allé à l'église   p) après je me suis détendu   q) en écoutant de la musique

**19. Answer the questions in the first person**

a) Vendredi dernier, je suis rentré chez moi vers quatre heures   b) J'ai mangé un sandwich   c) J'ai écouté de la musique
d) Avec mon frère aîné e) Épuisant mais amusant f) J'ai vu un film d'action   g) Je suis allé faire des courses h) Avec ma mère
i) J'ai acheté un tee-shirt et un jean   j) Vers sept heures   k) Elle est très intelligente et marrante   l) Je suis allé à l'église

**20. Spot and correct the mistakes in these sentences from Serge's text**

a) Je n'ai rien fait **de** spécial.  b) Le vendredi, après **le** collège, je suis rentré chez moi vers quatre heur**es**.

c) J'ai mang**é** un sandwich **au** fromage.   d) J'ai fait m**es** devoirs et je **suis** allé au parc.   e) **J'ai** vu un film.

f) Le samedi **matin**. g) J'ai fait de**s** courses. h) J'ai achet**é** un tee-shirt. i) Je n'ai rien fait l**e** dimanche.

j) Je me suis levé **tard**.   k) Je **me** suis détendu en écout**ant** de la musique.   l) C'était un week-end tr**ès** relaxant.

**21. Tick the phrases below that are contained in Anne's text**

a ; d ; f ; g ; h ; k ; l

**22. *Anne, Andréa* or *Neither* of them?**

a) Anne   b) Anne   c) Andréa   d) Neither   e) Andréa   f) Andréa   g) Anne   h) Anne   i) Anne   j) Andréa

**23. Find the French equivalent**

a) le matin   b) j'ai fait mes devoirs   c) à côté de chez moi   d) je n'ai rien fait de spécial   e) tôt

f) j'essaye de rester en forme   g) avec ma meilleure amie   h) nous avons regardé les vitrines   i) nous avons très bien mangé

j) je suis allée dans mon magasin (de vêtements) préféré   k) je me suis détendue

**24. Translate the words**

a) I went out   b) pretty   c) very well   d) early   e) we looked at   f) I'm trying to stay   g) listening to music

**25. Find someone who...**

a) Julien   b) Sylvie   c) Paul   d) Julien   e) Paul   f) Paul   g) Alexia   h) Sylvie   i) Sandrine   j) Julien   k) Alexia

**26. Find the French equivalent**

a) dimanche dernier   b) je suis allée à la bibliothèque   c) après avoir fini mes devoirs   d) c'était assez ennuyeux

e) j'ai aidé ma mère à faire les tâches ménagères   f) nous avons dîné là-bas   g) j'ai fait beaucoup de sport

h) avec mes meilleurs amis   i) au parc de mon quartier   j) j'ai fait de la musculation   k) aujourd'hui, j'ai mal aux bras

**27. Tick or cross?**

| a. Je me suis bien amusé | f. C'était vraiment génial | k. J'ai fait de la musculation |
|---|---|---|
| b. ~~J'ai fait de la voile~~ | g. ~~C'était intéressant~~ | l. Le matin |
| c. ~~J'ai pris plein de photos~~ | h. Nous avons mangé un morceau | m. Nous avons fait du tourisme |
| d. ~~J'ai fait du vélo~~ | i. La vieille ville | n. Je n'ai rien fait du tout |
| e. Nous avons dîné là-bas | j. ~~Je suis allé à la piscine~~ | o. ~~Je suis allé sur internet~~ |

### 28. Sentence puzzle

a) Je me lève tôt    b) J'ai pris beaucoup de photos    c) Je n'ai rien fait de spécial    d) Je suis allé au cinéma seul

e) Je me suis détendu en écoutant de la musique   f) Nous avons fait du tourisme    g) Nous avons fait du vélo à la campagne

h) Nous avons fait des randonnées dans les collines   i) Samedi dernier nous avons fait des courses

j) Le soir je suis sorti avec ma petite amie

### 29. Complete the translation

a) J'ai passé un bon moment    b) Je suis allé dans la vieille ville   c) Samedi dernier    d) J'ai fait du vélo

e) Nous avons fait du tourisme   f) Je suis allé au stade avec mon père    g) Je me suis détendu en écoutant de la musique

h) Je n'ai rien fait de spécial    i) Je me suis levé tard   j) Le matin je suis allé au parc

### 30. Rewrite the sentences on the left in the preterite and the right in the near future

J'ai fait mes devoirs          Je vais faire mes devoirs

J'ai fait du cheval            Je vais faire du cheval

J'ai joué au basket           Je vais jouer au basket

Je me suis bien amusé         Je vais bien m'amuser

J'ai mangé un sandwich        Je vais manger un sandwich

J'ai écouté de la musique      Je vais écouter de la musique

### 31. Split sentences

**J'ai mangé** de la viande et de la salade ; **J'ai** lu un livre ; **Je n'ai rien fait** du tout ; **J'ai acheté** une robe rose ;
**J'ai** vu un match de foot à la télé ; **Je suis allé** au centre commercial ; **J'ai fait** de la natation à la piscine ;
**Je me suis levé** tôt ; **J'ai fait du** vélo ; **J'ai joué** au basket

### 32. Translate into French

a) J'ai passé un bon moment    b) Je suis allé au cinéma    c) Nous avons fait du tourisme    d) Je vais jouer au basket

e) Je n'ai rien fait    f) Nous avons fait des courses    g) Nous allons aller à une fête    h) J'ai fait du vélo

### 33. Complete with the missing verbs

a) **Je suis allé** au parc avec mon chien.   b) **J'ai acheté** un tee-shirt. c) Hier **j'ai vu** une série à la télé.

d) **J'ai fait** du vélo au parc.  e) **J'ai joué** aux cartes avec ma sœur.  f) **Je me suis détendu** en écoutant de la musique.

g) Samedi **je me suis levé** tôt.  h) **Je suis allé** à la fête de mon cousin.   i) **Je n'ai rien fait** du tout dimanche dernier.

j) **J'ai joué** au tennis    k) **J'ai pris** plein de photos   l) **Je suis allé** au stade avec mon père.

m) **J'ai lu** un magazine dans le salon.

### 34. Write a paragraph

On peut voir beaucoup de chose dans mon quartier. Par exemple, il y a beaucoup de magasins, un château médiéval et un grand musée. De plus, on peut bien manger, faire des courses, voir des concerts et aller au cinéma. Il y a aussi beaucoup d'installations sportives, comme un grand centre sportif, des gymnases, une piscine et un mur d'escalade. Le week-end dernier, je suis allé faire les magasins, j'ai vu un match de foot et je suis allé à une fête chez un ami. Le week-end prochain, je vais aller à un concert, je vais jouer au basket avec mes amis et je vais faire du tourisme dans la vieille ville.

### 35. Write a 200-word description of your neighbourhood

Accept any suitable answers.

# Question Skills Unit 5

**1. Sentence puzzle**

a) Avec qui vas-tu sortir?

b) Qu'est-ce que tu vas faire le week-end prochain?

c) Quel temps faisait-il?

d) Ce sera comment?

e) Qu'est-ce que tu as fait le week-end dernier?

f) À quelle heure t'es-tu couché?

g) Qu'est-ce que tu as préféré?

h) Où es-tu allé?

**2. Gapped questions**

a) Qu'est-ce que tu vas **faire** le week-end **prochain**?   b) Quel temps **faisait**-il le **week-end** dernier?

c) Où es-tu **allé**? Avec **qui**?   d) C'était **comment**? Qu'est-ce que tu as **fait**?   e) À **quelle** heure t'es-tu **levé** samedi dernier?

f) À quelle heure **tu vas** te lever samedi **prochain**?   g) Qu'est-ce que **tu vas faire** dimanche **prochain**?

**3. Write the questions**

a) Où vas-tu aller?  b) Avec qui vas-tu y aller?  c) Que vas-tu acheter?  d) Ce sera comment? e) Avec qui es-tu allé à la piscine?

f) Qu'est-ce que tu as préféré?  g) Qu'est-ce que vous avez fait ensuite?  h) Quel temps faisait-il?

**4. Break the flow**

a) À quelle heure t'es-tu couché?   b) Qu'est-ce-que-tu-as-fait le-week-end dernier?   c) Avec qui vas-tu sortir?

d) Où es-tu allé?  e) À quelle heure t'es-tu levé?  f) Qu'est-ce que tu as préféré?   g) Quel temps faisait-il?

h) C'était comment?   i) Qu'est-ce que tu vas faire le week-end prochain?

**5. Spot and add in the one word missing**

a) Qu'est-ce que tu as **fait** le week-end dernier?   b) À **quelle** heure t'es-tu levé?   c) Ce sera **comment**?

d) Quel **temps** faisait-il? e) Avec **qui** vas-tu sortir? f) Où es-tu allé le **week-end** dernier? g) Où vas-tu **aller** samedi prochain?

h) Qu'est-ce que tu **as** préféré?   i) À quelle **heure** t'es-tu couché?

**6. Complete the answers to the questions**

Accept any suitable answers.

# Unit 6: Talking about my daily routine & activities

**1. Match**

**Je prends le petit-déjeuner** – I have breakfast    **Je fais mes devoirs** – I do my homework

**Je sors de la maison** – I leave my home    **Je me lève** – I get up    **J'arrive au collège** – I arrive at school

**Je me couche** – I go to bed    **Je lis un livre** – I read a book    **Je me lave la figure** – I wash my face

**Je m'habille** – I get dressed    **Je me douche** – I shower    **Je me repose** – I rest

**Je déjeune** – I have lunch    **Je veux** – I want    **Je peux** – I can

**2. Missing letters**

a) Je prends le petit-déjeuner   b) Je me repose   c) Je me lave la figure   d) Je peux   e) Je veux   f) Je me lève

g) Je sors de la maison   h) Je lis un livre   i) J'arrive au collège   j) Je m'habille   k) Je me douche   l) Je me couche

**3. Multiple choice**

a) 3   b) 1   c) 1   d) 1   e) 3   f) 3   g) 2   h) 3   i) 2   j) 1

**4. Complete with the missing verb**

a) Je m'habille   b) Je me lave   c) Je déjeune   d) Je lis un livre   e) Je veux   f) Je vais faire   g) Je dois   h) Je me couche

**5. Match action and place**

**Je me lave dans** la salle de bain ; **Je déjeune dans** le restaurant ; **Je m'habille dans** ma chambre ;

**Je fais du footing dans** le parc ; **Je fais du sport dans** le gymnase ; **Je regarde un film dans** le cinéma ;

**Je fais des courses dans** le centre commercial ; **Je fais de la natation dans** la piscine

**6. Arrange the actions in the correct chronological order**

1 Je me réveille ; 2 Je me lève ; 3 Je prends le petit-déjeuner ; 4 Je vais au collège ; 5 J'arrive au collège ;

6 Je déjeune ; 7 Je sors du collège ; 8 Je dîne ; 9 Après dîner, je regarde un film

**7. Faulty translation**

a) I get up at 6:**30**   b) I shower **right away**   c) I **get dressed**   d) I **put on** my uniform   e) I **arrive at** school

f) I **go jogging**   g) I have **lunch**   h) I **leave from** school   i) I **rest**   j) I **go to bed**

**8. Complete with the options below**

a) D'habitude, je me lève à six heures et **demie**.   b) Je prends le petit-déjeuner vers sept heures moins **vingt**.

c) Je sors de chez moi vers sept heures **dix**.   d) Je prends le bus à sept heures et **quart**.

e) J'arrive au collège à huit heures **moins** le quart.   f) Les cours commencent à huit heures moins **cinq**.

g) Je déjeune à **midi**.   h) Je rentre chez moi en bus à quatre heures **vingt-cinq**.

i) Je dîne **vers** huit heures du soir.   j) Je me couche à **minuit**.

**9. Match**

**À huit heures et quart** – 8:15    **À huit heures dix** – 8:10    **À huit heures et demie** – 8:30    **À huit heures cinq** – 8:05

**À huit heures moins cinq** – 8:55    **À neuf heures moins dix** – 8:50    **À neuf heures moins vingt** – 8:40

**10. Sentence puzzle**

a) Aujourd'hui je ne dois pas faire mes devoirs   b) Demain je ne dois pas me lever tôt

c) Ce soir je peux sortir avec mes amis   d) Demain je ne dois pas aller au collège   e) Ce week-end je vais aller au stade

f) Jeudi prochain je dois faire les tâches ménagères   g) Samedi prochain je peux me coucher tard

h) Dimanche prochain je peux aller à la fête de Paul

**11. Find someone who…**

a) Sandrine   b) Pierre   c) Sylvain   d) Marie-Laure   e) Hélène   f) Marie-Laure   g) Pierre

h) Robert   i) Gabriel   j) Marina   k) Carla

## 12. Gapped translation

a) Tomorrow I **can't** go out with my girlfriend because I have **a lot of homework**.

b) Next **weekend** I am going to go to Anne's **party**.

c) Next **Sunday** I **want** to go to the beach.

d) Today in the **afternoon** I am going to go **shopping** with my mother.

e) **Today** I don't want to do the chores. I am **exhausted**.

f) Every day, after **getting up** I **have to** make my bed.

g) Today I **can't** go mountain biking with my friends because **the weather is bad**.

h) Next **Saturday** I am not going to do anything. I am only going to **rest**, that's all!

## 13. Sort the activities below in the appropriate box

**Les sports:** a, h, k    **Les courses:** e, f, g    **Les études:** b, c, j    **Les tâches ménagères:** d, i, l

## 14. Complete with a suitable word

a) Je dois faire mes **devoirs**    b) Je veux aller faire des **courses**    c) Cet après-midi, je vais aider ma **mère**

d) Ce matin, je ne vais pas **aller** au collège    e) Je veux manger **une pizza, etc.**    f) Je dois **étudier/réviser** pour mon examen

g) Je veux **faire** du vélo    h) J'arrive au **collège** à 8 heures    i) Je prends le **petit-déjeuner** dans la cuisine

j) Je ne fais **rien**    k) Je lis un **livre** dans ma chambre

## 15. Find the French equivalent

a) tôt  b) je dois prendre  c) je me douche tout de suite  d) du pain grillé avec du miel  e) après le petit-déjeuner

f) j'arrive au  g) les cours commencent  h) je me repose un peu  i) je ne peux pas sortir  j) pour faire les magasins

k) je vais étudier

## 16. Complete the sentences

a) During the week I get up **very early**    b) At 6:45 I must **take the bus** to go to school

c) I have **toast** with **honey**    d) After breakfast I put on the uniform and **leave from home**

e) Lessons start at **7:45** and end at **3:15**    f) At four I **go back home**    g) Before doing my homework I **take a shower and rest**

h) Today I must revise for my exams, so I **can't go out with my friends**

i) Between five and seven we go to the shopping mall to **go shopping** and to **go for a walk**

## 17. Find in the text

a) je me lève, je me douche, je me repose, se promener  b) je dois, je ne peux pas  c) pain grillé, miel  d) réviser, étudier

e) sortir, se promener, faire les magasins  f) aujourd'hui  g) tout de suite  h) jusqu'à

## 18. Answer the questions in French in full sentences, as if you were Édouard

a) En général, je me lève vers six heures  b) Je prends le bus à sept heures moins le quart

c) Je mange du pain grillé avec du miel  d) Je mets mon uniforme après le petit-déjeuner

e) Les cours commencent à huit heures moins le quart  f) Car aujourd'hui je dois réviser pour mes examens

g) Nous allons faire les magasins et nous promener  h) Ce soir, je vais étudier jusqu'à onze heures

## 19. Find the French equivalent

a) pendant la semaine  b) je dois me lever  c) tout de suite  d) je me brosse les dents  e) je sors de la maison

f) j'arrive au collège  g) les cours commencent  h) avant de sortir du collège  i) nous travaillons ensemble

j) je passe une heure ou deux  k) à cause de mes examens  l) on ragote  m) nous allons souvent faire du lèche-vitrines

## 20. Translate into English

a) I always get up quite early  b) I have to get up around half past six  c) Before leaving from home

d) Before leaving from school  e) When we don't understand something  f) I go back home

g) I rest a little before doing my homework  h) I can't go out with my friends nor chat with them

i) We often go window shopping

## 21. Tick the phrases that you can find in Rosane's text

a, d, f, h, k

**22. Complete the text with one of the options below**

Pendant la **semaine**, je me lève toujours assez tôt. Je dois **me lever** vers six heures et demie, car **je dois** prendre le bus pour aller au collège à sept heures et quart. Je me douche **tout de suite** et je prends du pain grillé avec du **miel** et un jus d'orange. Ensuite, je me brosse les dents et avant de **sortir** de chez moi, je mets mon uniforme. Après, je sors de la maison **pour** aller prendre mon bus. En général, **j'arrive** au collège vers huit heures. Les cours commencent à huit heures et quart et **finissent** à trois heures moins le quart. Avant de **rentrer** du collège, en général, je passe une heure ou deux à la **bibliothèque** pour réviser. C'est assez difficile et **ennuyeux** mais ma **meilleure** amie Laura étudie avec moi, **donc** nous travaillons ensemble quand on ne comprend pas quelque chose.

**23. Jigsaw reading**

3, 5, 1, 7, 4, 10, 2, 8, 6, 9, 11

**24a. Translate the sentences below into French using *je dois* + infinitive**

a) Je dois me lever tôt   b) Je dois faire mes devoirs    c) Je dois aider ma mère   d) Je dois aller au collège

e) Je dois faire mon lit    f) Je dois me coucher tôt   g) Je dois réviser pour les examens

**24b. Translate the sentences below into French using *je (ne) peux (pas)* + infinitive**

a) Je peux sortir avec mes amis    b) Je ne peux pas jouer sur mon ordinateur    c) Je peux faire du vélo dans le parc

d) Je peux me coucher tard    e) Je ne peux pas prendre le petit-déjeuner    f) Je peux aller au collège en vélo

g) Je peux me lever tôt

**24c. Translate the sentences below into French using *je dois / je (ne) peux (pas) / je (ne) veux (pas)* + infinitive**

a) Je dois travailler   b) Je ne veux pas me doucher   c) Je ne peux pas aller à la fête   d) Je dois ranger ma chambre

e) Je veux regarder la télé   f) Je ne veux pas aller à la pêche   g) Je ne peux pas me lever tôt   h) Je veux manger de la pizza

i) Je ne veux pas jouer   j) Je dois rentrer chez moi/à la maison   k) Je ne veux pas étudier   l) Je dois faire mes devoirs

**25. Guided translation**

a) Demain je dois aller faire des courses avec ma mère   b) Ce soir je ne peux pas sortir avec mes amis

c) Aujourd'hui je ne peux pas jouer aux jeux vidéo   d) Aujourd'hui je ne veux pas faire mes devoirs

e) Ce week-end je veux passer du temps avec ma famille   f) Pendant la semaine je dois me lever tôt

g) Ce matin je ne peux pas aller au collège   h) Demain je ne veux pas aller à la fête

*** 26. Translate the following text into French**

Salut, je m'appelle Marina. Je vais te parler de ma routine journalière.

Pendant la semaine, je dois me lever tôt car je dois prendre le bus pour aller au collège à sept heures. Je me lève à six heures et je me douche tout de suite. Ensuite, je prends le petit-déjeuner. Généralement, je mange deux œufs, une tartine de pain grillé et une banane. Après le petit-déjeuner, je sors de la maison et je prends le bus pour aller au collège.

D'habitude, j'arrive au collège à sept heures et demie. Les cours commencent à huit heures moins vingt et finissent à deux heures vingt. Ma matière préférée est le français car le professeur est très bon, cool et marrant.

Je rentre chez moi à trois heures et je mange un morceau. Ensuite, je me repose un peu et je me douche avant de faire mes devoirs. Vers six heures, je sors avec mes amis. D'habitude, nous allons au centre commercial près de chez moi. Nous faisons du lèche-vitrines, nous achetons des vêtements et on ragote sur les garçons de notre collège.

Je dois rentrer chez moi à huit heures pour le dîner. Après le dîner, je regarde la télé et ensuite je me couche.

**27. Write a 150 to 250 words paragraph**

Accept any suitable answers.

# Question Skills Unit 6

**1. Split questions**

**À quelle** heure sors-tu de chez toi?    **Comment** vas-tu au collège?   **Où prends-tu le** petit-déjeuner?

**Qu'est-ce que tu** manges normalement?    **Que fais-tu** après le collège?   **Qu'est-ce que** tu vas faire samedi?

**Tu aimes** ton collège?    **Quel est** ton passe-temps favori?    **Que fais-tu le** matin?    **Parle**-moi de ta routine?

**2. Find and write in the missing words**

a) Parle-moi de **ta** routine journalière.   b) À **quelle** heure te réveilles-tu?    c) Comment vas-tu **au** collège?

d) À quelle heure sors-tu de **chez** toi?   e) Que dois-tu **faire** après le collège?   f) Que fais-tu **le** matin?

g) Qu'est-ce que tu aimes faire **après** le collège?   h) Qu'est-ce que **tu** vas faire ce week-end?

**3. Match questions and answers**

**À quelle heure te réveilles-tu?** – Je me réveille tous les jours à six heures.

**À quelle heure te lèves-tu?** – Je me lève à sept heures.

**Que manges-tu normalement?** – En général, du pain grillé avec du miel.

**Avec qui prends-tu le petit-déjeuner?** – Je prends le petit-déjeuner avec ma mère.

**Où prends-tu le petit-déjeuner?** – Généralement, je le prends dans la cuisine.

**À quelle heure sors-tu de chez toi?** – Je sors de la maison vers huit heures et quart.

**Comment vas-tu au collège?** – Parfois j'y vais en bus, parfois en voiture.

**Que fais-tu quand tu rentres du collège?** – Quand je rentre chez moi, je lis un livre.

**Que dois-tu faire après le collège?** – Je dois ranger ma chambre, quelle galère!

**Qu'est-ce que tu aimes faire après le collège?** – J'aime jouer aux jeux vidéo en réseau.

**Quel est ton passe-temps favori?** – Mon passe-temps favori, c'est la guitare.

**Qu'est-ce que tu vas faire ce week-end?** – Je vais aller au centre commercial avec mon ami.

**4. Guided translation**

a) Avec qui prends-tu le petit-déjeuner?    b) À quelle heure te lèves-tu?    c) Comment vas-tu au collège?

d) Tu aimes ton collège?   e) Où prends-tu le petit-déjeuner?   f) À quelle heure te réveilles-tu?

g) Que fais-tu pour aider chez toi?   h) Que fais-tu après le collège?   i) Quel est ton passe-temps favori?

**5. Translate into French**

a) À quelle heure te réveilles-tu?   b) À quelle heure te lèves-tu?    c) Avec qui prends-tu le petit-déjeuner?

d) Comment vas-tu au collège?   e) Tu aimes cela?   f) À quelle heure rentres-tu chez toi?

g) Quelles tâches ménagères dois-tu faire?   h) Quel est ton passe-temps favori?

i) Qu'est-ce que tu vas faire le week-end prochain?

**6. Answer the following questions in your own words, using full sentences**

Accept any suitable answers.

# Vocab Revision Workout 3

### 1. Translate into English

a) We are going to play basketball    b) My mother is going to go to the office    c) I am not going to go to school today

d) And you, what are you going to do tomorrow?    e) And you guys, what are you going to do tonight?

f) Tomorrow I am not going to study    g) My brother and I are going to play football

h) My sisters are going to go to the gym    i) My mother isn't going to do anything

j) Tonight, my older brother is going to go clubbing with his friends    k) This weekend, I am going to rest

### 2. Complete with the correct form of the verb ir

a) vais    b) va    c) allons    d) va    e) vont    f) allons    g) vas    h) allez    i) vont

### 3. Gapped translation

a) Le magasin de sport est à **côté** du cinéma    b) La piscine est **en face** du collège

c) Le centre commercial est **au bout** de la rue    d) La banque est **derrière** ce bâtiment    e) Le stade est **loin** d'ici

f) Le supermarché est **près** de chez moi    g) C'est **entre** l'épicerie et la piscine

### 4. Guided translation

a) Une belle chaise    b) Une cuisine lumineuse    c) Un tapis rouge    d) Des rideaux bleus

e) Une pièce spacieuse    f) Une vieille armoire    g) Un lit confortable    h) Un bâtiment moderne

i) Une nouvelle télévision    j) Un quartier tranquille

### 5. Complete with a suitable word

a) Dans ma ville il y a des **bons magasins**    b) Ma pièce préférée est **la cuisine** car c'est **lumineux**

c) À côté de l'armoire, il y a **un miroir**    d) Le miroir **est** en face du **lit**    e) Chez moi, **il y a** sept pièces au total

### 6. Faulty translation

a) In the kitchen there are four old **chairs**    b) In my **bedroom** there are red curtains    c) –

d) In our garden there **aren't any** trees    e) In our **living** room there are two armchairs

f) **Next to** my bed there is a bedside table    g) The mirror is near the **door**    h) –    i) In the kitchen there is a big **wardrobe**

### 7. Translate the sentences below into French using *je dois / je (ne) peux (pas) / je (ne) veux (pas)* + infinitive

a) Je dois étudier    b) Je ne veux pas sortir    c) Je ne peux pas aller à la fête    d) Je dois ranger la cuisine

e) Je veux regarder un film    f) Je veux aller au collège    g) Je ne peux pas me lever tôt    h) Je veux manger des pâtes

i) Je ne veux pas faire du footing    j) Je dois aller au gymnase    k) Je ne veux pas travailler    l) Je dois faire mes devoirs

### 8. Complete with the missing verbs

a) **Je suis allé(e)** à l'épicerie avec ma mère    b) Je n'**ai** rien fait la semaine dernière    c) Hier soir, **j'ai vu** un film au cinéma

d) **Je suis allé(e)** en vélo à la piscine    e) **J'ai joué** au tennis avec mon père

f) Je **me suis détendu(e)** en écoutant de la musique    g) Je **me suis levé(e)** tôt pour aller faire du footing avec ma mère

h) **Je suis allé(e)** à une fête chez mon amie Claire    i) **J'ai pris** beaucoup de photos    j) **J'ai joué** au basket

k) **J'ai acheté** un pull    l) **Je suis allé(e)** au parc avec mon ami    m) **J'ai lu** le journal dans le salon

### 9. Translate into French

a) Dans mon quartier, il y a beaucoup de choses à faire pour les jeunes.

b) La semaine dernière, je suis allé au centre commercial avec ma mère.

c) Il y a trois jours, j'ai fait du vélo et joué avec mes amis dans le parc.

d) Je ne veux pas aller à la fête ce soir.

e) Nous nous sommes détendus en écoutant de la musique.

f) Nous sommes allés dans la vieille ville et nous avons pris beaucoup de photos.

g) La semaine prochaine, nous irons à Paris. Ce sera amusant.

h) Tous les jours, j'aide ma mère dans la maison.

i) D'habitude, je me lève très tôt le matin car je dois sortir de chez moi pour aller au collège à sept heures.

j) Cet après-midi, je ne vais rien faire.

# Unit 7: Saying what I do to help at home – present & past

**1. Match**

**Je dois faire les courses** – I have to do the shopping
**Je dois laver la vaisselle** – I have to wash the dishes
**Je dois faire mon lit** – I have to make the bed
**Je dois passer la serpillère** – I have to clean the floor
**Je dois mettre le couvert** – I have to lay the table
**Je dois promener le chien** – I have to walk the dog
**Je dois débarrasser la table** – I have to clear the table
**Je dois aider mon frère** – I have to help my brother
**Je dois tondre la pelouse** – I have to mow the lawn
**Je dois arroser les plantes** – I have to water the plants

**2. Missing letters**

a) Je dois ranger ma chambre   b) Je dois faire mon lit   c) Je dois passer la serpillère   d) Je dois arroser les plantes

e) Je dois aider mon frère   f) Je dois tondre la pelouse   g) Je dois mettre le couvert   h) Je dois débarrasser la table

**3. Complete**

a) Je dois **ranger** ma chambre   b) Ma sœur doit **passer** l'aspirateur   c) Je dois **cuisiner**   d) Je dois **arroser** les plantes
e) Mon frère doit **tondre** la pelouse   f) Je dois **laver** la vaisselle   g) Je dois **promener** le chien
h) Je dois m**ettre** le couvert et ensuite d**ébarrasser** la table

**4. Give your opinion about the activities listed**

Student's answers.

**5. Write P for probable and I for improbable for the sentences below**

a) I   b) I   c) P   d) I   e) P   f) P   g) I   h) I

**6. Complete the table with the missing present forms of the verbs *devoir*, *pouvoir* and *vouloir***

|            | Devoir  | Pouvoir | Vouloir |
|------------|---------|---------|---------|
| **je**     | dois    | **peux** | veux    |
| **tu**     | **dois** | peux   | veux    |
| **il/elle/on** | doit | **peut** | **veut** |
| **nous**   | **devons** | pouvons | **voulons** |
| **vous**   | devez   | **pouvez** | voulez |
| **ils/elles** | **doivent** | peuvent | **veulent** |

**7. Find in the text**

a) nous sommes cinq personnes   b) nous devons tous partager les tâches ménagères   c) mon frère cadet doit aussi faire son lit

d) je dois débarrasser la table   e) il doit laver la voiture   f) je dois aider mon père dans le jardin

g) d'habitude, mon père fait la cuisine   h) elle doit aussi s'occuper du jardin   i) je dois faire mon lit

j) bien sûr   k) de plus   l) après le petit-déjeuner   m) faire la vaisselle   n) après le dîner   o) après le déjeuner

**8. Translate into English**

a) In my family we are six   b) My older brother is lazy   c) My younger brother is hardworking

d) My mother has to look after the garden   e) My father has to cook   f) I have to make my bed

g) I usually have to wash the car on Saturdays   h) Moreover, in general I lay the table

i) My younger brother washes the dishes   j) I must also help my father in the garden

k) My older brother doesn't want to do anything   l) He has to make his bed, but he never does it

**9. Sentence puzzle**

a) Deux fois par semaine je dois laver la voiture de mon père

b) Une fois par semaine je dois aider mon père dans la jardin

c) Tous les jours je dois faire mon lit et promener le chien

d) Tous les samedis je dois tondre la pelouse, mais samedi dernier je ne l'ai pas fait

e) Je n'ai pas pu débarrasser la table aujourd'hui car j'avais beaucoup de devoirs

f) D'habitude je fais mon lit après m'être levé, mais aujourd'hui je n'ai pas pu

g) Deux fois par semaine j'aide mon frère avec ses devoirs

**10. Rock climbing translation**

a) Aujourd'hui je dois arroser les plantes après le déjeuner   b) Cet après-midi je dois promener le chien

c) Après m'être levé je dois faire mon lit   d) Tous les jours je dois mettre le couvert et débarrasser la table

e) Le samedi, d'habitude, je lave la voiture de mon père

**11. Complete with the missing letters**

a) Je n'ai rien fait   b) Je n'ai pas pu   c) Je n'ai pas fait mon lit   d) Je n'ai pas lavé le sol   e) Je n'ai pas cuisiné

f) Je n'ai pas mis le couvert   g) Je n'ai pas lavé la vaisselle   h) Je n'ai pas aidé ma mère   i) Je n'avais pas envie d'aider

**12. Faulty translation**

a) I **vacuum cleaned**   b) I didn't **do** anything   c) I **cleared** the table   d) I didn't **wash the dishes**

e) I **tidied up** my room   f) I **did the laundry**   g) I didn't **do anything**   h) I **made my** bed   i) I **walked** the dog

**13. Spot and correct the errors**

a) Je n'ai pas cuisin**é**   b) Je n'ai rien f**a**it   c) –   d) –   e) J'ai débar**r**assé la table   f) Je **n'ai** pas aidé mon père   g) –

**14. Tangled translation: rewrite in French**

a) Tous les **jours,** je promène mon **chien**, mais hier **je n'ai pas pu**.
b) **Le samedi,** je dois **laver la voiture, mais** samedi dernier **je n'avais pas envie**.
c) Après le déjeuner, **d'habitude** je débarrasse la table **mais hier** je ne l'ai pas fait.
d) Avant-hier, **j'ai rangé** ma chambre et **j'ai lavé** la vaisselle mais hier je n'ai **rien** fait.
e) **Tous les jours,** je dois faire mon **lit,** cependant, ce **matin je n'ai pas pu**.
f) Le lundi, je dois **aider** mon **frère** avec ses **devoirs, cependant lundi dernier** je ne l'ai pas fait.
g) Tous les **vendredis,** d'habitude je **vais au** supermarché **avec** ma mère, mais **vendredi** dernier, **je ne suis pas allé** avec **elle** car j'étais **fatigué**.

**15. Complete with a suitable word based on the HELP BOX**

a) Hier, je **n'avais pas** envie  b) **J'avais mal à** la tête  c) **J'étais** occupé  d) **Je n'ai** pas pu  e) **J'avais** mal au dos

f) **J'avais** beaucoup de devoirs à faire  g) Je **n'ai pas** voulu  h) J'avais mal au **bras**   i) **J'étais** fatigué  j) **J'ai** oublié

**16. Multiple choice**

a) 2   b) 2   c) 2   d) 3   e) 3   f) 1   g) 3   h) 2   i) 1   j) 3

**17. Translate into English**

a) Yesterday I didn't walk the dog because I was ill.

b) The day before yesterday I didn't wash the dishes because I didn't feel like it.

c) This morning I didn't go to school because my head hurt.

d) This evening I couldn't take out the rubbish because my arm hurt a lot.

e) Last week I didn't wash the car because my back hurt a lot.

f) Last Sunday I didn't do anything to help at home because I was very busy.

g) Last weekend I didn't help my parent because I was angry with them.

h) Every day I lay and clear the table, but yesterday I didn't want to because I didn't feel like it.

## 18. Wordsearch

I usually help – **D'habitude j'aide**

I was busy – **J'étais occupé**

I didn't feel like it – **Je n'avais pas envie**

I wasn't able to – **Je n'ai pas pu**

I didn'y make my bed – **Je n'ai pas fait mon lit**

I did nothing – **Je n'ai rien fait**

I didn't help my father – **Je n'ai pas aidé mon père**

My head hurt – **J'avais mal à la tête**

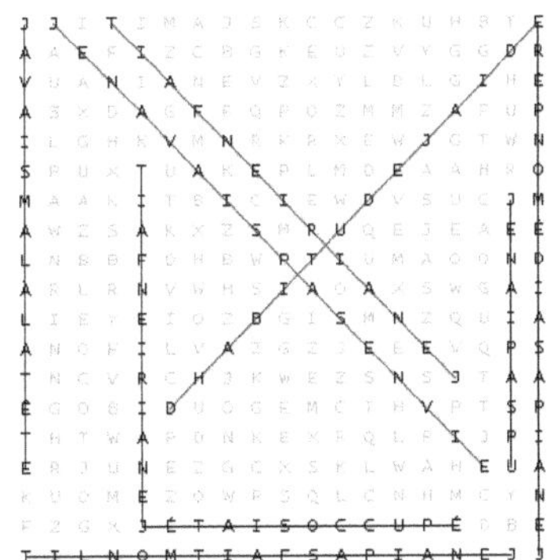

## 19. Match

**Je n'ai pas pu** – I wasn't able to   **Je n'ai pas aidé ma mère** – I didn't help my father

**Je n'avais pas envie** – I didn't feel like it   **J'étais occupé** – I was busy   **J'ai mis le couvert** – I laid the table

**Je n'ai rien fait** – I didn't do anything   **J'avais mal au bras** – My arm hurt   **J'avais mal à la tête** – My head hurt

**Je lave la voiture** – I wash the car   **J'ai promené le chien** – I didn't walk the dog

**J'ai lavé la vaisselle** – I washed the dishes   **Je n'ai pas lavé mon vélo** – I didn't wash my bike

**Je dois mettre le couvert** – I have to lay the table   **J'étais en colère** – I was angry   **Je n'ai pas voulu** – I didn't want to

## 20. Missing letters

a) Je n'ai pas mis le couvert car je n'avais pas envie   b) Je n'ai pas promené mon chien car il était malade

c) Je n'ai rien fait car j'étais fatigué   d) Je n'ai pas aidé mon père car je n'ai pas voulu

e) Je n'ai pas fait les courses avec ma mère car j'étais en colère contre elle

f) Je n'ai pas débarrassé la table car j'étais trop occupé   g) Je n'ai pas joué avec mon frère car je n'ai pas pu

h) Hier je n'ai pas cuisiné car j'avais mal à la tête   i) Hier je n'ai pas lavé la voiture de mon père

## 21. Find in the text

a) il y a beaucoup de choses à faire pour les jeunes   b) je suis très sportif   c) dans mon temps libre   d) escalade

e) ces sports   f) nous partageons toujours les tâches ménagères   g) d'habitude   h) s'occupe du jardin

i) promener le chien   j) faire notre lit   k) ranger notre chambre   l) sortir la poubelle   m) sont très contents

## 22. Gapped translation

My name is Paul. I am **fifteen** years old and am from Toulouse in France. In my city there is a lot to do **for young people**. There are many **sport facilities**, which is very important **for me** because I am very **sporty**. In my **free time** I go swimming, **rock climbing** and cycling. I love these sports. In my city there are also lots of **shops** that I **like** and some really good bars and restaurants.

In my family we always **share** the **chores**. Usually, my mother **cooks** and looks after **the garden**. My father has to **wash the car** and **walk** the **dog**. My brother and I have to **make** our **bed**, tidy **our room**, take out **the rubbish** and **lay** and **clear** the **table**. Our parents are very happy when we **help them**. However, yesterday I couldn't because I was **sick**.

## 23. Answer the following questions in French, as if you were Paul

a) Je suis de Toulouse   b) Pendant mon temps libre, je fais de la natation, de l'escalade et du vélo

c) Dans ma ville il y a beaucoup d'installations sportives   d) Mon père lave la voiture et promène le chien

e) Ma mère cuisine et s'occupe du jardin   f) Je fais mon lit, je range ma chambre, je sors la poubelle et je mets le couvert et débarrasse la table   g) Mon frère fait les mêmes tâches ménagères que moi

## 24. Tick the items below which are contained in Paul's text and cross out the ones which aren't

a. **j'adore**

b. **contents**

c. ~~quartier~~

d. **nous les aidons**

e. ~~nous allons~~

f. **nous devons**

g. ~~nettoyer~~

h. **laver**

i. ~~sœur~~

j. **cependant**

k. **sportif**

l. ~~travailler~~

m. ~~faire attention~~

n. ~~on peut~~

**25. True, False or Not mentioned?**

a) True   b) False   c) False   d) True (spacious)   e) False   f) True   g) False   h) Not mentioned   i) True

**26. Who does what?**

a) The older brother   b) The older brother   c) The mother   d) The older brother, the sister and Michel

e) The mother, and the older brother helps her   f) Michel   g) The father   h) The sister   i) The older brother   j) Michel

**27. Find in Michel's text the French equivalent for the following items**

a) banlieue   b) il n'y a pas   c) lumineux   d) confortable   e) joli   f) bureau   g) nous partageons   h) les tâches ménagères

i) équitable   j) nos   k) aider   l) laver   m) il n'a pas pu   n) quant à moi   o) en colère   p) je débarrasse la table

q) je repasse les vêtements   r) j'aide ma sœur   s) cependant   t) je n'avais pas envie

**28. Complete**

a) D'habitude je promène le chien   b) Je dois mettre le couvert   c) Je n'ai rien fait   d) Mon frère doit cuisiner

e) Je dois faire la lessive   f) D'habitude, mon frère aîné sort la poubelle   g) Hier, je n'ai pas aidé mes parents

h) D'habitude, j'aide mon frère, mais hier je n'ai pas pu   i) Nous partageons les tâches ménagères

**29. Write two paragraphs for Julien in the first person singular (*je*) and for Caroline in the third person singular (*elle*)**

**Julien:** Je m'appelle Julien et j'ai treize ans. Mon quartier est dans la banlieue de ma ville et il est très moche car il y a beaucoup d'usines. Il n'y a pas grand-chose à faire dans mon quartier. Il y a un stade, mais pas beaucoup d'installations sportives. En général, le week-end, je fais du vélo dans le parc, je vais chez mon ami et je vais aussi au cinéma avec ma famille.

Le week-end dernier, je suis allé à la fête de Paul, j'ai fait beaucoup de sport et je me suis détendu en écoutant de la musique et en regardant la télévision. Pour aider à la maison, je mets le couvert et je débarrasse la table. Je dois aussi faire mon lit, ranger ma chambre et aider mon père dans le jardin, mais hier je n'ai pas pu aider mon père car j'étais malade.

**Caroline:** Elle s'appelle Caroline et elle a dix-sept ans. Elle habite en centre-ville, dans un quartier historique et beau. Dans son quartier, il y a beaucoup à faire pour les jeunes, il y a beaucoup d'espaces verts et d'installations sportives. Le week-end, en général, Caroline va faire du lèche-vitrines, elle sort avec ses amies et va en boîte.

Le week-end dernier, elle a fait du tourisme et pris beaucoup de photos. Elle est aussi allée faire des courses et elle a rendu visite à ses cousins. Normalement, pour aider à la maison, Caroline prépare le repas et lave la voiture de sa mère. Elle doit aussi faire son lit et s'occuper de son frère cadet. Cependant, hier, elle n'a pas pu laver la voiture de sa mère car elle était occupée.

# Question Skills Unit 7

**1. Sentence puzzle**

a) Quelles sont les tâches ménagères que tu n'aimes pas?    b) Qui tond la pelouse?

c) Qu'est-ce que tu as fait hier pour aider tes parents?    d) Qui cuisine normalement chez toi?

e) Combien de fois aides-tu tes parents par semaine?    f) Quand aides-tu à la maison?    g) Qui lave la voiture de ton père?

**2. Match the sentences below with the questions in Exercise 1**

a) g   b) d   c) b   d) e   e) a   f) c   g) f

**3. Answer the questions below as if you were Frédéric**

a) Nous partageons toutes les tâches ménagères

b) Nous devons faire nos lits et ranger nos chambres tous les jours

c) Mon père doit sortir les poubelles et s'occuper du jardin   d) Il aide mon père

e) David lave la voiture de mes parents une fois par semaine   f) Car il était malade

g) Elle aide notre frère cadet avec ses devoirs   h) Avec ses devoirs de sciences et de mathématiques

i) Ma tante Denise   j) Car elle avait mal à la tête.

**4. Translate into English**

a) Tell me about your daily routine    b) What do you do to help at home?    c) How many times a week do you help?

d) Who cooks in your home?    e) Who tidies your room?    f) What are the chores you don't like doing?

g) What do your brothers and sisters do to help at home?    h) What did you do to help at home last weekend?

i) Why did you not help your parents yesterday?    j) Who was sick yesterday?

k) At what time did you do the dishes yesterday?    l) What did you eat last Saturday?

m) Who helped your father in the garden?

**5. Complete with the missing words**

a) **Comment** tu t'appelles?

b) Quel **âge** as-tu?

c) **Où** habites-tu?

d) Avec **qui** habites-tu?

e) Dans quelle partie de la **ville** habites-tu?

f) Comment **est** ton quartier?

g) Que peut-on **faire** dans ton quartier?

h) Est-ce qu'**il y a** des bons magasins?

i) Quelles installations **sportives** y a-t-il?

j) **Qu'**as-tu fait dans ton quartier hier?

k) C'**était** comment?

l) Qu'est-ce que tu as **préféré**?

m) Que fais-tu pour **aider** chez toi?

n) Quelle **tâche** ménagère détestes-tu?

# Unit 8: Describing a typical day at school

**1. Match**

**J'arrive au collège** – I arrive at school    **Je sors du collège** – I leave school    **Je fais mes devoirs** – I do my homework
**Je vais à la bibliothèque** – I go to the library    **Je vais à la cantine** – I go to the canteen
**Je mange à la cantine** – I eat in the canteen    **La récréation est à midi** – Break is at noon
**J'ai mon dernier cours** – I have the last lesson    **J'ai anglais** – I have English    **J'écoute le professeur** – I listen to the teacher
**J'ai histoire** – I have history    **Je discute avec mes amis** – I chat with my friends

**2. Missing letters**

a) Le troisième cours   b) Le premier cours   c) J'arrive au collège   d) Je sors du collège   e) Je fais mes devoirs

f) J'écoute le professeur   g) Je discute avec mes amis   h) Je mange dans la cantine   i) Je fais la queue à la cantine

j) Il y a une pause pour manger

**3. Complete with the missing words**

a) En général j'**arrive** au collège à huit heures et quart   b) Le lundi, mon p**remier** cours est espagnol

c) Ensuite, nous avons la r**écréation**   d) Pendant la récréation je d**iscute** avec mes amis

e) Après, j'ai mon d**ernier** cours, qui est le cours d'histoire   f) Je n'aime pas l'histoire car c'est très **ennuyeux**

g) Puis, c'est l'h**eure** de m**anger**   h) Je dois faire la q**ueue** à la cantine

i) D'habitude, je m**ange** des pâtes ou du riz avec du poulet   j) Mon d**ernier** cours est à deux heures et demie

**4. Put the actions below in chronological order**

5, 6, 9, 1, 10, 7, 2, 11, 3, 8, 12, 4

**5. Spot and correct the grammar/spelling mistakes**

a) Je vais au club **d'**échecs               g) Je peux porter des jupes courtes
b) J'arrive **au** collège à huit heures       h) Je ne dois pas porter des boucles d'oreilles
c) J'ai **cours de maths**                     i) On ne peut pas mâcher d**u chewing gum**
d) Pendant l**a** récréation                   j) J'ai mon **dernier cours**
e) Je sors d**u** collège                      k) Mon deuxième cours est anglais
f) Je vais **à la** bibliothèque               l) Les cours fini**ssent** à trois heures

**6. Gapped translation**

a) In my school one cannot **smoke**   b) My **first** class is English
c) On Fridays my first class is **IT (Information Technology)**   d) Break is at **half past nine**
e) During break I play **basketball**   f) In my school one cannot wear **earrings**   g) I do my homework in the **library**
h) You must **queue** in the canteen   i) One cannot eat in the **classrooms**   j) I have to wear a **school uniform**

**7. Which of the following are unlikely to be REAL school rules?**

a) probable   b) improbable   c) probable   d) improbable   e) improbable   f) improbable   g) improbable

h) improbable   i) improbable   j) probable   k) improbable

**8. Sentence puzzle**

a) On ne peut pas fumer   b) On doit porter l'uniforme   c) On doit faire la queue à la cantine

d) On ne peut pas utiliser le portable   e) Tu dois faire tes devoirs   f) Les cours commencent à huit heures et quart

g) On ne peut pas mâcher de chewing gum   h) On ne peut pas porter de boucles d'oreilles

i) On doit respecter les professeurs   j) On doit lever la main avant de parler

**9. Complete with a suitable word**

a) On ne peut pas **fumer** de cigarettes       h) On doit **respecter** les professeurs
b) Les cours **finissent** à trois heures        i) On doit **faire** ses devoirs
c) Je rentre à la **maison** en bus              j) On ne peut pas **utiliser** le portable
d) À l'heure du **déjeuner** je mange peu         k) Les cours **commencent** à huit heures
e) On doit **faire** la queue à la cantine        l) Je vais au collège **à** pied
f) Je fais mes devoirs dans la **bibliothèque**   m) On ne peut pas **mâcher** de chewing gum
g) On ne peut pas porter de **maquillage**        n. On doit **porter** l'uniforme

## 10. Translate into English

a) My first lesson is English    b) My favorite subject is French    c) I can't stand German    d) IT is an exciting subject
e) Science is very boring  f) I love my English lessons  g) On Mondays, my last lesson is PE  h) My maths teacher is too strict
i) In the music lesson one must work hard   j) The technology teacher is very nice
k) The Spanish teacher is very funny and cool

## 11. Faulty translation

a) One must not **chat** in lessons    b) One cannot wear **short skirts**    c) One must raise their hand before **speaking**
d) One cannot **chew gum**    e) One cannot **smoke** in the corridors    f) One cannot wear **trainers**
g) One cannot wear **make up**    h) One must **listen to** the teachers

## 12. Complete with *peut* or *peux* as appropriate

a) On ne **peut** pas fumer    b) On ne **peut** pas courir dans les couloirs   c) On ne **peut** pas porter de jupes courtes
d) Je ne **peux** pas porter de maquillage  e) Je ne **peux** pas utiliser mon portable   f) On ne **peut** pas mâcher de chewing gum
g) On ne **peut** pas porter de boucles d'oreilles   h) Je ne **peux** pas jouer au basket pendant la récréation

## 13. Split sentences

**On ne peut pas porter** de boucles d'oreilles    **On ne peut pas** utiliser le portable    **On ne peut pas courir** dans les couloirs
**On doit lever** la main avant de parler   **Je dois faire** la queue à la cantine   **Les cours commencent** à huit heures
**Pendant la récréation** je joue au basket   **En dernière heure** j'ai mathématiques   **J'adore ma** prof d'histoire

## 14. Gapped translation

a) On ne peut pas **manger** en classe   b) On ne peut pas **porter** de boucles d'oreilles   c) On doit **lever** la main avant de parler
d) On ne peut pas **mâcher** de chewing gum   e) On ne peut pas **courir** dans les couloirs   f) On ne peut pas **porter** de baskets
g) On ne peut pas **porter** de maquillage   h) On doit **respecter** les règles   i) On doit **écouter** les professeurs

## 15. Read the box on the left and find someone who, in their school...

a) Margaux    b) Sonia    c) Susanne    d) Marcel    e) Marie    f) Julien    g) Jean    h) Caroline
i) Susanne    j) Julien    k) Caroline    l) Martine

## 16. Wordsearch

I cannot – **Je ne peux pas**

To wear make-up – **Porter du maquillage**

To chew gum – **Mâcher du chewing gum**

I go to school – **Je vais à l'école**

I must not – **Je ne dois pas**

To smoke – **Fumer**

One cannot – **On ne peut pas**

To wear short skirts – **Porter des jupes courtes**

One must not – **On ne doit pas**

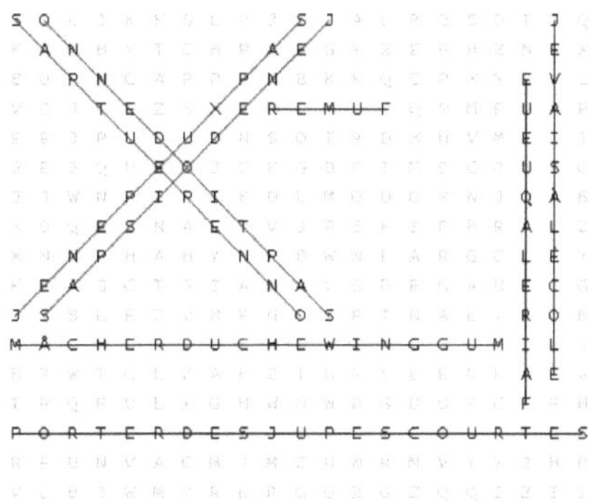

## 17. Complete the two texts with the options below

**a.** Je vais te parler d'une **journée** d'école typique dans mon collège. Je vais au collège à Londres, en Angleterre. Les **cours** commencent à huit heures et quart. Le lundi, mon **premier** cours est dessin. J'adore le dessin car le professeur est bon et **amusant**. Ensuite nous avons la **récréation** jusqu'à neuf heures et demie. Pendant la récréation je joue au **foot** avec mes amis. Après, j'ai espagnol. J'adore les cours d'espagnol car ils sont **divertissants** et j'apprends beaucoup. L'heure du déjeuner **est** à une heure moins le quart. Le **dernier** cours commence à deux heures moins dix. En général, je **sors** du collège vers trois heures et demie, après le club d'**échecs**. J'adore mon collège.

**b.** Je vais te **parler** d'une journée typique d'école dans mon collège. J'étudie dans une école internationale à Montréal. Les cours **commencent** à huit heures moins vingt. Le **vendredi** en première heure j'ai chimie. Ensuite, **j'ai** géographie. Je n'aime pas cette **matière** car c'est ennuyeux. De plus, le prof est très **strict**. La récré commence à neuf heures vingt-cinq et **finit** à dix heures moins vingt-cinq. Après, j'ai maths jusqu'à **midi**. À l'heure du déjeuner, je **discute** avec mes camarades de classe dans la cantine. En général, je mange du poulet avec du **riz**. Le dernier cours commence à une heure dix. Je n'aime pas **beaucoup** mon collège. Je déteste **étudier**, même si je sais que c'est important.

### 18. Find the French equivalent

a) j'arrive au collège   b) les cours commencent   c) on ne fait jamais de travail de groupe   d) pendant la récréation

e) j'ai anglais   f) puis c'est l'heure de manger   g) nous mangeons en discutant   h) j'ai mangé du riz   i) il est interdit de fumer

j) les règles sont assez strictes

### 19. Correct the statements

a) Guillaume **can't stand** Geography   b) **During break** he plays basketball   c) He learns **a lot** in the French lessons

d) The English teacher **often** shouts   e) **Last** Monday he **ate** rice with chicken   f) He **loves** sport

g) There are **35** grams of sugar in a Coke   h) **Last** Friday he **had to** tidy up the headteacher's office

### 20. Correct the mistakes in these sentences from Guillaume's text and then translate them

a) J'arrive **au** collège vers huit heures. *I get to school at around eight*

b) Pendant la récréation je joue **au** basket. *During break I play basketball*

c) On **ne** fait jamais de travail de groupe. *We never do group work*

d) Nous mangeons **en** discutant. *We eat while having a chat*

e) J'adore le **foot** car je suis très sportif. *I love it because I am very sporty*

f) On ne peut **pas** utiliser de portable. *One cannot use the mobile phone*

g) On ne peut pas courir **dans** les couloirs. *One cannot run in the corridors*

h) On doit faire ses devoirs tous **les** jours. *One must do the homework*

i) Si on ne respecte pas **les** règles. *If the rules are broken*

j) J'ai dû passer **une** heure avec directeur. *I had to spend one hour with the headteacher*

### 21. Answer the following questions

a) at around 8   b) at 8.15   c) he plays basketball with his friends   d) very entertaining

e) the teacher shouts a lot and is too strict   f) rice with chicken   g) because he is very sporty

h) one must wear the uniform, one cannot use the mobile phone, one cannot smoke, one must do the homework every day

i) the punishments are very harsh   j) he didn't do his homework

k) he had to spend one hour with the headteacher tidying up his office, it was very boring

### 22. Complete the sentences below based on the text

a) *school day*   b) 8.30   c) history   d) unfriendly / fun   e) break   f) jokes   g) shouts / explain

h) football / yard   i) we chat   j) meat with potatoes / orange juice   k) last / nice

### 23. Find in the last paragraph of Mariane's text the French equivalent of the following items

a) il y a trop de règles   b) on doit porter   c) on n'a pas le droit d'utiliser   d) il est interdit de fumer

e) on ne peut pas courir   f) avant de parler   g) les sanctions   h) j'ai dû passer une heure

### 24. Correct the false statements

a) Mariane mange un morceau pendant la récré   b) Mariane adore l'espagnol   c) La prof de dessin crie beaucoup

d) Mariane mange de la viande   e) Le cours préféré de Mariane, c'est la chimie   f) Dans son collège il y a trop de règles

g) Mercredi dernier elle est arrivée au collège en retard

### 25. Translate the last paragraph of Mariane's text into English

In my opinion, in my school there are too many rules. One must wear uniform; it's forbidden to smoke; one cannot run in the corridors; one doesn't have the right to use the lift; one must always raise the hand before speaking in class. If one doesn't respect the rules, the punishments are very harsh. Last Wednesday I arrived late at school, and I had to spend one hour with the headteacher cleaning her office. It was very annoying!

### 26. Match questions and answers

**Comment vas-tu au collège?** – J'y vais en vélo
**À quelle heure arrives-tu?** – Vers huit heures moins le quart du matin
**Quel est ton premier cours le vendredi?** – En première heure, j'ai dessin
**Pourquoi tu n'aimes pas ton prof d'histoire?** – Car il est antipathique et me gronde souvent

**Qui est ton prof préféré?** – La prof de français
**Pourquoi?** – Car elle m'aide tout le temps
**Que fais-tu pendant la récré?** – Je mange et je discute avec mes amis
**Vous faites du sport à l'école?** – Oui, nous faisons de l'athlétisme et de la natation
**À quelle heure rentres-tu chez toi?** – Vers trois heures et demie de l'après-midi
**Comment sont les règles dans ton collège?** – Elles sont très stictes. Je n'aime pas cela!
**Quelle est la règle que tu aimes le moins?** – Qu'on ne peut pas porter de maquillage

## 27. Translate into French

a) J'arrive au collège vers huit heures   b) Aujourd'hui mon premier cours est anglais   c) Ensuite j'ai espagnol
d) L'heure de déjeuner est à midi   e) Mon dernier cours est informatique   f) Je déteste cette matière
*g)* Dans mon collège il y a trop de règles   h) On ne peut pas porter de maquillage

## 28a. Translate the two paragraphs into French

**1.** D'habitude, j'arrive au collège à huit heures et quart. Le lundi, mon premier cours est histoire. J'adore l'histoire car le professeur est sympa et marrant. Ensuite, j'ai récréation jusqu'à neuf heures et demie. Pendant la récréation, d'habitude je discute avec mon meilleur ami Jean ou avec ma petite amie. Mon deuxième cours, c'est anglais. Je n'aime pas cette matière. Le déjeuner est à midi. Après le déjeuner, j'ai deux leçons de plus: chimie et maths. Je n'aime pas ces matières car elle sont trop dures. Dans mon collège, les règles sont très strictes. On ne peut pas courir dans les couloirs; on ne peut pas porter de maquillage ou de boucles d'oreilles; on ne peut pas utiliser l'ascenseur; on ne peut pas parler sans lever la main et les filles ne peuvent pas porter de jupes courtes.

**2.** Les règles de mon collège sont très strictes. Tout d'abord, on doit arriver à huit heures moins le quart pile. Deuxièmement, on doit porter un uniforme. Je déteste ça car je ne peux pas porter ma casquette préférée et mes baskets. Aussi, je ne peux pas mâcher de chewing gum ou utiliser mon portable. Je ne peux pas non plus jouer aux jeux vidéo pendant la récréation ou la pause-déjeuner. En classe, on ne peut pas parler sans lever la main et on ne peut pas aller aux toilettes. Ce que j'aime de mon collège, cependant, c'est que les professeurs sont gentils. J'apprends beaucoup et on peut faire beaucoup de sport.

## 28b. Write a 150-250 words text about a typical school day of yours, listing five key rules

Accept any suitable answers.

# Question Skills Unit 8

## 1. Complete with the missing words

a) **À** quelle heure tu te lèves en général?
b) À quelle heure **commencent** les cours?
c) **Combien** de cours as-tu par jour?
d) **Quelle** est ta matière préférée?
e) On **peut** porter du maquillage?
f) Qu'est-ce qu'on ne peut pas **faire**?
g) Qui **est** ton professeur préféré?
h) À quelle **heure** sors-tu du collège?
i) Quelles activités périscolaires **y a-t-il**?
j) **Comment** est une journée d'école typique?

## 2. Write the questions to the answers

a) À quelle heure commencent les cours?   b) Combien de cours as-tu par jour?   c) Quel est le cours que tu aimes le plus?
d) Quelle est ta matière préférée?   e) Quelle est la matière que tu ne supportes pas?   f) Qui est ton professeur préféré? Pourquoi?
g) Qu'est-ce qu'on ne peut pas faire dans ton collège?   h) On peut porter du maquillage?   i) Comment sont les règles?

## 3. Guided translation

a) À quelle heure finissent les cours?   b) Comment sont les règles dans ton collège?   c) Quel est ton cours préféré?
d) On peut porter du maquillage?   e) Combien de cours as-tu par jour?   f) Comment est une journée typique d'école?
g) On peut fumer?   h) On peut porter des jupes courtes?

## 4. Spot and correct the errors in the sentences below

a) Comment est une journée typi**que** dans ton école?   b) Combien de cours as-tu **par** jour?
c) À quelle heure commenc**ent** les cours?   d) On peut porter des **jupes courtes**?   e) On peut utilise**r** le portable?
f) Quelle es**t** ta matière préférée?   g) Quel**les** activités périscolaires y a-t-il?   h) Qui **est** ton professeur préféré?
i) Que doit-on porter **dans** ton collège?   j) À quelle heure fini**ssent** les cours?
k) Pourquoi est-ce **que** tu n'aimes pas les sciences?

**5. Translate into French**

a) Combien de cours as-tu   b) Quel est ton cours préféré?   c) Pourquoi tu n'aimes pas les maths?

d) Qui est ton professeur préféré?   e) Quelles sont les matières que tu n'aimes pas?

f) À quelle heure commencent et finissent les cours?   g) Comment est une journée typique d'école?

h) Qu'est-ce qu'on ne peut pas faire dans ton collège?   i) On peut fumer?   j) On peut utiliser le téléphone portable?

k) Que doit-on faire?   l) On doit faire la queue à la cantine?

# Vocab Revision Workout 4

### 1. Match

**Je dois débarrasser la table** – I have to clear the table   **Je dois laver la voiture** – I have to wash the car

**Je fais mon lit** – I make my bed   **Je dois laver le sol** – I have to clean the floor

**Je dois mettre le couvert** – I have to lay the table   **Je promène le chien** – I walk the dog

**Je débarrasse la table** – I clear the table   **J'aide mon frère** – I help my brother

**Je dois cuisiner** – I have to cook   **Je dois arroser les plantes** – I have to water the plants

### 2. Translate the sentences below into French using *Je (ne) peux (pas) + infinitive*

a) Je ne peux pas sortir avec mes amis   b) Je ne peux pas jouer sur mon ordinateur   c) Je peux faire du vélo dans le parc

d) Je peux me coucher tard   e) Je ne peux pas prendre le petit-déjeuner   f) Je peux aller au collège en vélo

### 3. Split sentences

**J'ai mangé** de la viande avec de la salade   **Je me suis détendu** en lisant un livre   **Je n'ai rien** fait   **J'ai acheté** une robe rose

**J'ai vu** un match de foot à la télé   **Je suis allé** au centre commercial   **J'ai fait du vélo** tout terrain   **Je me suis levé** tôt

**J'ai fait de** l'équitation   **J'ai joué** au basket

### 4. Sentence puzzle

a) Le week-end dernier, nous sommes allés au cinéma ensemble   b) Hier, je me suis levé tôt et j'ai pris beaucoup de photos

c) Je me suis détendu en écoutant de la musique avant de dormir   d) Nous avons fait du vélo tout terrain à la campagne

e) Le dimanche, nous avons fait de la randonnée sur les collines

### 5. Translate into English

a) I went to the swimming pool   b) I am going to go shopping   c) We went to town   d) We did sport

e) We are going to ride the bike   f) I went swimming   g) I am going to go to the stadium

h) Yesterday we played football   i) We went sightseeing   j) I watched cartoons   k) I went for a walk in the park

### 6. Complete the table below with the missing verb forms

1) J'ai fait des courses   2) J'ai fait mes devoirs   3) Je fais mes devoirs   4) Je vais faire du vélo   5) Je suis allé au stade

6) Je vais aller au stade   7) J'ai fait de l'équitation   8) Je vais faire de l'équitation   9) Je vais aller à une fête

10) Je suis allé à la piscine   11) Je vais à la piscine   12) J'ai pris des photos   13) J'ai regardé un film

14) Je vais regarder un film   15) Je vois mes amis en ville   16) J'ai vu mes amis en ville

### 7. Faulty translation

a) Tomorrow I am going to **stay home**   b) Next **Saturday** I am going to watch a film

c) Next Thursday we are going to **ride the bike**   d) This Sunday **afternoon** I am going to go shopping

e) On Friday my parents are going to **rest**   f) Next week**end**   g) My **sister** is going to go to the **swimming pool**

h) In the **evening** I am going to do my homework

### 8. Complete with the missing letters

a) Dans mon quartier   b) On peut bien manger   c) On peut faire des courses   d) On peut faire du sport

e) On peut faire du vélo   f) Nous sommes allés au cinéma   g) Avant-hier j'ai dormi   h) J'ai vu un bon film

# Unit 9: Making after-school plans with a friend

**1. Match**

**Faire un tour en vélo** – To go for a bike ride    **Jouer au basket** – To play basketball    **Regarder un film** – To watch a film
**Aller au stade** – To go to the stadium    **Ne rien faire** – To do nothing    **Faire de la musculation** – To do weights
**Faire de la natation** – To do swimming    **Sortir avec ma petite amie** – To go out with my girlfriend
**Rester à la maison** – To stay at home    **Voir mon meilleur ami** – To see my best friend    **Étudier** – To study
**Aller chez un ami** – To go to a friend's house    **Aller sur internet** – To go on the Internet

**2. Complete with the appropriate option**

a) Je veux **faire** un tour en vélo   b) Je ne veux pas **étudier**   c) Je voudrais **sortir** avec mes amis

d) Je dois **passer** la serpillère maintenant   e) Nous devons **laver** la voiture de Papa   f) Nous voulons **aller** chez Philippe

g) Nous voudrions **voir** un film au cinéma    h) Je veux **aider** ma mère avec les tâches ménagères

**3. Sort the sentences in the categories below**

**Tâches ménagères:** 3, 11, 14, 16    **Passe-temps:** 1, 5, 6, 7, 8, 13, 15    **Travail scolaire:** 2, 4, 9, 10, 12

**4. Sentence puzzle**

a) On se voit à quelle heure?    b) Je veux aller au cinéma ce soir   c) On se voit en face du ciné

d) Ça ne me dit rien d'aller chez Paul aujourd'hui   e) Que veux-tu faire maintenant?   f) Je ne peux pas sortir avec toi

g) Je dois aider ma mère   h) Ça me dit bien d'aller au ciné

**5. Translate into English**

a) I want to go for a bike ride this afternoon    b) I want to go to the stadium with my father tomorrow
c) Today I have to study before going out to town    d) I don't fancy doing sport today   e) I want to play chess with my brother
f) I have to revise for my maths exam    g) We have to help our mother this morning

**6. Multiple choice**

a) 3   b) 3   c) 1   d) 3   e) 2   f) 1   g) 2   h) 2   i) 1   j) 3

**7. Match**

**Comment ça va?** – How are you?
**Que veux-tu faire ce soir?** – What do you want to do this evening?
**Ça te dit?** – Do you fancy it?
**On se retrouve où?** – Where shall we meet?
**On se retrouve à quelle heure?** – At what time shall we meet?
**On y va avec qui?** – Who are we going with?
**Pourquoi est-ce que tu ne peux pas venir?** – Why can't you come?
**Qu'allons-nous faire?** – What are we going to do?

**8. Match questions and answers**

**Comment ça va?** – **Ça va très bien, merci. Et toi?**
**Que veux-tu faire ce soir?** – Je veux aller au parc
**Ça te dit?** – Non, ça ne me dit rien, je préfère aller au cinéma
**On se retrouve où?** – En face du centre sportif
**On se retrouve à quelle heure?** – À sept heures et demie
**On y va avec qui?** – Avec Paul et Michel
**Pourquoi est-ce que tu ne peux pas venir?** – Parce que je dois étudier pour mes examens
**Qu'allons-nous faire?** – Nous allons jouer à la Playstation et écouter la radio

**9. Complete with the missing letters**

a) Salut   b) Où?   c) Ça me dit   d) Je dois   e) À plus tard   f) Ensuite   g) Désolé   h) Je ne peux pas
i) J'aimerais   j) Je ne veux pas   k) D'accord   l) Pas de problème   m) On se retrouve   n) À quelle heure?

**10a. Complete with the suitable option**

salut ; merci ; que ; faire ; rien ; d'accord ; heure ; retrouve ; bien ; de ; tout ; plus

**10b. Complete with the suitable option**

salut ; très ; veux ; aller ; dit ; voudrais ; problème ; fête ; on ; retrouve ; abri ; voit

**11. Faulty translation: correct the English**

a) **How** are you?   b) See you **later**   c) **Where** do we meet?   d) **See you tonight**   e) **OK**   f) **No** problem   g) We **can** go
h) Very **good**  i) I **don't** really want to  j) What do you want to do **today**?  k) I want to go to **town**   l) I have to **do the laundry**

**12. Find in the text the French equivalent**

a) Comment ça va? b) Que veux-tu faire cet après-midi? c) On se retrouve à quelle heure? d) On se voit tout à l'heure
e) On se retrouve où? f) D'accord, parfait g) J'aimerais faire du lèche-vitrines h) À côté du collège
i) Bien sûr j) Je suis désolée k) Chez Anne l) Je dois aider ma mère jusqu'à cinq heures

**13. Answer in English**

a) A bit tired   b) She would like to go window shopping   c) Sophie wants to go to Anne's house
d) At 5.30pm  e) Because she has to help her mother   f) In the café next to the school

**14. Spot and correct the mistakes**

a) On se retrouve **à** quelle heure?  b) Je dois aider **ma** mère  c) D'accord. Pas **de** problème  d) Ça ne **me** dit rien
e) À **tout à l'heure**  f) On se retrouve où?  g) Que veux-**tu** faire cet après-midi?  h) À cinq heures **et** demie?

**15. Find the French equivalent in the conversation above**

a) Je m'ennuie un peu  b) Rien de spécial  c) J'ai rangé ma chambre  d) J'ai tondu la pelouse
e) J'aimerais aller faire les magasins  f) Je suis désolé  g) Pas de problème  h) Le dernier film
i) Je dois repasser les vêtements  j) Devant chez toi  k) Génial, on se voit tout à l'heure

**16. Answer in English**

a) Fine  b) She did her homework, tidied her room and walked the dog  c) He went jogging, mowed the lawn and rode his bike
d) She wants to go shopping   e) He'd rather go to the cinema   f) She has to help her brother with his homework
g) She has to do the laundry and iron the clothes  h) 7pm  i) In front of Jean's house

**17. Complete the table**

Désolé – **I am sorry**   Ça va bien – I am fine   **Génial** – Great   Je ne peux pas – **I can't**   Ça ne me dit rien – **I don't fancy it**
Ce soir – **Tonight**   **Devant chez toi** – In front of your house   **À quelle heure?** – At what time?
On se retrouve où? – **Where shall we meet?**   On se voit à quelle heure? – **At what time shall we see each other?**
Pas de problème – **Not a problem**

**18. Complete with a suitable word**

a) Que veux-tu **faire**?  b) On se retrouve **où**?   c) À cinq heures et **demie**   d) On se retrouve en face de **chez** toi
e) Comment ça **va**?   f) Je suis un peu **fatigué**  g) Non, ça ne me dit **rien**   h) Je veux aller au **cinéma** avec toi
i) Je dois aider ma **mère** dans la cuisine  j) Je dois **promener** le chien

**19. Complete**

a) On se retrouve où ce soir?   b) Que veux-tu faire?   c) D'accord. Pas de problème   d) Je dois aider mes parents
e) Désolé. Ça ne me dit rien   f) On se retrouve en face du cinéma   g) Je dois ranger ma chambre
h) On peut aller au parc avec eux/elles   i) On se retrouve à quelle heure?   j) À plus tard

**20. Translate into French**

a) Pas de problème   b) Tu veux aller faire les magasins?   c) Je n'aime pas ça   d) Je ne peux pas car je dois étudier
e) Que veux-tu faire?   f) Je dois aider ma mère   g) Je dois repasser les vêtements   h) On se retrouve où?
i) On se retrouve à l'arrêt de bus près de chez moi  j) On se retrouve à quelle heure?   k) Je voudrais faire de la natation
l) Désolé, je dois faire mes devoirs

**21. Answer each of the questions below with a full sentence, as in the example**

Accept any suitable answers.

**22. Write the questions for the answers below**

a) Que veux-tu faire aujourd'hui?   b) Pourquoi pas?   c) Qu'as-tu fait hier?   d) On se retrouve où?

e) Ça te dit d'aller au cinéma?   f) Tu veux aller au cinéma?   g) Tu veux sortir lundi?

**23. Translate 1 and 2 into English and 3 into French**

**1.**

M. Hi Julien. How are you?

*J. Very well, Marine. And you?*

M. Fine, but I'm a bit tired.

*J. Why?*

M. Yesterday evening I went jogging and then swimming. I also got up very early.

*J. Oh. Then you can't go out this evening?*

M. Yes, of course I can! Where do you want to go?

*J. To Fabian's party?*

M. Yes, OK, cool. I fancy it. Where shall we meet?

*J. Shall we meet at my house at seven?*

M. Perfect. See you in a bit.

**2.**

M. Hi Éric. How are you?

*E. Very well, Marcel. And you?*

M. What did you do last Saturday?

*E. I had to go shopping with my mother. And you?*

M. I had to help my father in the garden. It was boring!

*E. Do you want to come with me to the stadium today?*

M. Yes. Great! Where shall we meet, and at what time?

*E. Let's meet in the bus stop opposite my house, at three.*

M. OK, perfect. See you there at three.

**3.**

A. Salut Anne. Tu veux sortir cet après-midi?

*C. Oui, mais d'abord je dois aider ma mère jusqu'à quatre heures.*

A. D'accord. Tu veux aller au cinéma ce soir?

*C. Non. Je suis désolée, mais je n'ai pas envie. Je voudrais aller en centre-ville et faire du lèche-vitrines.*

A. D'accord, pas de problème. On se retrouve à quelle heure? À quatre heures et demie?

*C. Je ne peux pas à quatre heures et demie. Je dois aider mon frère avec ses devoirs. On se retrouve à cinq heures.*

A. D'accord. À cinq heures. On se retrouve où?

*C. On se retrouve chez toi.*

**1. Match questions and answers**

**Que fais-tu pour aider à la maison?** – Je mets le couvert et je fais mon lit

**Tu as fait quoi pour aider ton père hier?** – J'ai lavé la voiture et j'ai tondu la pelouse

**Que veux-tu faire cet après-midi?** – Je veux bien aller faire une promenade au parc

**On se retrouve où?** – On se retrouve en face de chez moi

**On se retrouve à quelle heure?** – Vers cinq heures

**Pourquoi tu ne peux pas sortir ce soir?** – Car j'ai beaucoup de devoirs en ce moment

**On va y aller avec qui?** – On va y aller avec Paul et Raphaël

**Où allez-vous aller?** – Nous n'allons aller nulle part

**Tu veux jouer au tennis demain**? – Oui, c'est mon sport préféré, ça me dit bien

**2. Write the questions to the answers below**

a) Tu veux aller au cinéma avec moi?   b) On se retrouve à quelle heure?   c) On se retrouve où?   d) On va y aller avec qui?

e) Que fais-tu pour aider à la maison?   f) Tu as fait quoi hier?   g) Tu vas sortir avec tes amis?   h) Que vas-tu faire ce week-end?

**3. Break the flow**

a) Comment ça va aujourd'hui?   b) Que veux-tu faire ce matin?   c) Tu veux aller en ville avec moi?

d) Oui ça me dit bien   e) On se retrouve où?   f) On va y aller avec qui?

**4. Spot and add in the one word missing from each sentence**

a) Que fais-tu pour aider **à** la maison?   b) Que veux-tu faire **ce** soir?   c) On se retrouve à quelle **heure**?

d) Ça te dit d'aller **au** cinéma?   e) Pourquoi tu **ne** peux pas sortir après?   f) Où vas-**tu** aller ce week-end?

**5. Fill in the gaps with appropriate questions**

a) Comment ça va?   b) Et toi?   c) Que voudrais-tu faire aujourd'hui?   d) Ça te dit?   e) On se retrouve où?

f) On se retrouve à quelle heure?   g) On va y aller avec qui?

# Unit 10: Describing a typical day in the present, past & near future

**1. Match: time markers**

**Hier** – Yesterday     **Samedi prochain** – Next Saturday     **Demain** – Tomorrow     **Samedi dernier** – Last Saturday
**Dans deux jours** – In two days     **La semaine dernière** – Last week     **Le week-end** – At the weekend
**Avant-hier** – The day before yesterday     **Il y a quelques jours** – A few days ago     **Le week-end dernier** – Last weekend

**2. Complete the table**

Je fais – **I do**    Je vais – **I go**    **Je dois** – I have to    **Je veux** – I want    Je sors – **I go out**    Je me lève – **I get up**
Je vois – **I see**    **Je lis** – I read    **J'écris** – I write

**3. Match: activities**

**Je vais me lever tôt** – I am going to get up early
**Je vais lire un livre** – I am going to read a book
**Je vais étudier** – I am going to study
**Je vais sortir** – I am going to go out
**Je vais m'amuser** – I am going to have fun
**Je vais aller faire les courses** – I am going to go shopping
**Je vais aider mon frère** – I am going to help my brother
**Je vais faire du sport** – I am going to do sport
**Je vais faire du vélo** – I am going to ride a bike

**4. Choose the correct translations**

je suis allé ; j'ai fait ; j'ai aidé ; j'ai mangé ; j'ai joué ; j'ai voulu ; j'ai bu ; j'ai lu ; j'ai vu ; j'ai pris ; j'ai nagé

**5. Break the flow**

a) Hier je suis allé au cinéma avec ma petite amie
b) Demain je vais faire les courses avec mon père
c) La semaine dernière j'ai pêché avec ma mère
d) Mes amis et moi allons voir un film émouvant
e) Hier je n'ai rien fait. Je me suis juste reposé
f) Le soir j'aide souvent mon frère avec ses devoirs
g) Avant-hier j'ai beaucoup étudié pour mes examens
h) Cet après-midi je vais faire du vélo avec mes amis
i) Le week-end je fais toujours beaucoup de sport
j) Hier j'ai fait de la musculation avec mon cousin

**6. Complete the table with the options provided below**

| Hier | Aujourd'hui | Demain |
| --- | --- | --- |
| J'ai fait du vélo | Je fais du vélo | Je vais faire du vélo |
| Je me suis levé | Je me lève | Je vais me lever |
| Je suis sorti avec Léa | Je sors avec Léa | Je vais sortir avec Léa |
| J'ai pris un café | Je prends un café | Je vais prendre un café |
| J'ai fait de la boxe | Je fais de la boxe | Je vais faire de la boxe |
| Je suis allé au ciné | Je vais au ciné | Je vais aller au ciné |
| J'ai joué de la guitare | Je joue de la guitare | Je vais jouer de la guitare |
| J'ai mangé un œuf | Je mange un œuf | Je vais manger un œuf |

**7. Translate into English**

a) I went shopping    b) I am going to play chess    c) I read novels    d) I ate seafood    e) I make my bed
f) I saw a film    g) I am going to get up    h) I played cards    i) I help my parents    j) I relaxed    k) I have to study
l) I always go to bed late    m) I want to go out with my friend    n) I cannot play    o) I have a lot of fun

**8. Sentence puzzle**

a) Hier je n'ai rien fait de spécial    b) Avant-hier j'ai regardé un film    c) Le week-end je fais les tâches ménagères

d) Samedi dernier je suis sorti avec ma copine    e) Tous les jours je dois me lever tôt

f) Il y a deux jours j'ai joué aux échecs avec lui    g) Ce matin je vais aller à la plage

h) Hier je me suis détendu en écoutant la radio    i) Demain je vais faire du vélo dans le parc

**9. Find in the wordsearch**

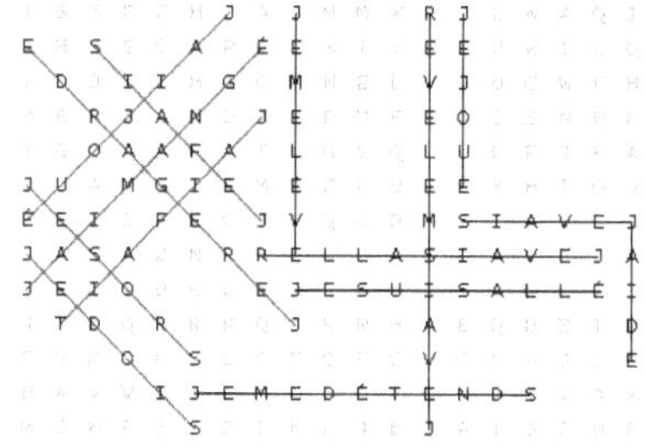

I played – **J'ai joué**    I am going to go – **Je vais aller**

I watch – **Je regarde**    I am going to get up – **Je vais me lever**

I ate – **J'ai mangé**    I went – **Je suis allé**

I have to – **Je dois**    I play – **Je joue**    I did – **J'ai fait**

I go – **Je vais**    I do – **Je fais**    I relax – **Je me détends**

I go out – **Je sors**    I help – **J'aide**

**10. Complete with the correct option**

a) j'aide    b) j'ai lavé, j'ai joué    c) me lever, je vais faire

d) je suis allé, nous avons vu    e) je me lève    f) je dois, déteste

g) j'ai fait, ai passé    h) je ne peux pas, je dois    i) je n'ai rien fait, je me suis détendu, en lisant    j) je fais

**11. Guided translation**

a) J'ai joué    g) Je mange

b) Je vais aller    h) Je ne peux pas

c) J'ai vu    i) Je suis allé

d) J'ai fait    j) Je vais faire

e) Je dois    k) J'ai aidé

f) Je ne veux pas    l) J'ai rangé

**12. Complete with the correct verb in the appropriate tense**

a) je suis allé    b) j'ai lu    c) je vais aller    d) je dois étudier    e) j'aime    f) je vais    g) je suis sorti

h) je suis allé    i) je ne veux pas    j) ne fais pas    k) je vais faire    l) j'ai acheté

**13. Answer the questions about the text**

a) Raphaël    b) Mélanie    c) Fernand    d) Carmen    e) Paul    f) Raphaël    g) Béatrice    h) Paul's girlfriend

i) Mélanie    j) Sylvie    k) Carmen    l) Marine    m) Alice    n) Mélanie    o) Léa

**14. Find in the text the French equivalent**

a) je fais beaucoup de choses    b) nous avons couru jusqu'à huit heures et demie    c) mon meilleur ami

d) nous nous amusons beaucoup    e) je ne gagne jamais    f) j'adore courir    g) seulement pendant une demi-heure

h) je passe l'après-midi en jouant    i) rien de spécial    j) je vais aller en excursion    k) je vais acheter

l) nous avons fait du tourisme    m) nous avons fait un tour en ville    n) il y avait beaucoup à voir et à faire

**15. Correct the statements**

a) At the weekend Tanguy **does many things**

b) On Saturdays he gets up **very early**

c) He always **loses** at racket sports

d) In the evening he goes **rock climbing** with his father and **younger** brother

e) On Sundays he does **less** running than on Saturdays

f) On Sunday **afternoons** he spends time **playing** on his computer

g) They usually have dinner at his grandparents, who are very **affectionate** and **likeable**

h) Next weekend he is going to visit **the Sacré-Cœur** in Paris

i) He is going to buy **(a lot of) clothes**

j) He is going to go **sightseeing** in the centre of the city

k) Tanguy and Denis met two girls in Nice **and are still in contact**

**16. Correct the mistakes in the translation of the last two paragraphs of Tanguy's text**

Next **weekend** will be different because I am going to go on a trip to Paris with my **school**. We are going to visit the Sacré-Cœur and other monuments and historic **places** of the city. There are **trendy shops** in Paris, therefore I am going **to buy a lot of clothes**.

Last **year** we went to Nice and **it was amazing**. We went **sightseeing** in the morning and in the afternoon, we went for a walk around the **city centre**. My friend Denis and I met two very **pretty and friendly** girls. We are **still** in touch with them.

**17. Find in the text the French equivalent for the following sentences**

a) Ce que j'aime de   b) Je fais beaucoup de choses   c) Dans le bois près de chez moi   d) Nous sommes tombés plusieurs fois
e) Personne ne s'est fait mal   f) Il n'y avait pas beaucoup de monde   g) C'était épuisant
h) Je sais que la restauration rapide est mauvaise   i) Je suis allé faire du lèche-vitrines
j) Nous avons rencontré deux filles sympas   k) Nous avons passé la journée   l) J'ai passé beaucoup de temps
m) À discuter avec elle

**18. Gapped sentences**

a) time   b) sport   c) cycled, wood   d) fell, got hurt   e) lifted weights   f) went rock climbing   g) exhausting
h) window shopping   i) walking with them   j) chatting   k) go out with her

**19. Answer the questions below in French**

a) Ils ont fait du vélo dans un bois   b) C'était épuisant   c) Il y a deux centres commerciaux
d) Xavier est très beau et fort   e) Ils ont passé la journée avec elles   f) Ils vont aller au cinéma ensemble

**20. Complete with the correct option**

Samedi dernier Romain a fait beaucoup de choses. Premièrement, **il a fait** du vélo dans les bois. **C'était** amusant. Ensuite, lui et ses amis **ils sont allés** au gymnase près de sa maison. Ils ont fait de la musculation. Après, **ils ont fait** de l'escalade dans le parc. Dimanche dernier, Romain **est sorti** avec ses amis. Tout d'abord, **ils ont fait** un tour en centre-ville et puis **ils ont fait** du lèche-vitrines dans un centre commercial. Paul **a rencontré** deux filles très marrantes et Romain et lui **ont passé** toute la journée à se promener avec elles. Romain **a passé** des heures à parler à Anne. Le week-end suivant Romain et Anne **sont sortis** ensemble. **Ils ont vu** un film au cinéma et puis **ils ont mangé** dans un restaurant. Après avoir mangé, **ils ont marché** ensemble dans le parc du quartier. Ils **ont passé** un moment inoubliable.

**21. Complete the table using the perfect tense**

1) Il est allé au cinéma   2) Ils sont allés au cinéma   3) J'ai vu un film   4) Ils ont vu un film   5) Je suis sorti
6) Il est sorti   7) Il a aidé sa mère   8) Ils ont aidé leur mère   9) J'ai joué au foot   10) Ils ont joué au foot
11) Il n'a rien fait   12) Ils n'ont rien fait   13) J'ai lu un livre   14) Il a lu un livre   15) Il a fait un tour en ville
16) Ils ont fait un tour en ville   17) J'ai fait du lèche-vitrines   18) Il a fait du lèche-vitrines   19) Il a rencontré un garçon
20) Ils ont rencontré un garçon   21) Je n'ai pas étudié   22) Ils n'ont pas étudié

**22. Guided translation**

a) Hier je suis sorti avec mes amis   b) C'était fatigant, mais amusant   c) Il y a trois jours je suis allé à une fête
d) Hier j'ai lavé la voiture de ma mère   e) D'habitude je me lève à six heures et demie   f) Aujourd'hui je dois aider à la maison
g) Samedi dernier j'ai fait de la natation   h) Aujourd'hui il doit étudier son anglais   i) Hier j'ai joué du ukulélé

**23. Translate into French**

a) Hier j'ai regardé un film   b) Il y a deux jours je n'ai pas fait mes devoirs   c) Ce matin je n'ai pas rangé ma chambre
d) Dimanche dernier je suis allé au parc avec mes amis   e) Je dois faire mon lit et laver la voiture
f) Demain je vais faire du vélo   g) La semaine prochaine je vais aller à Paris   h) Ce soir je ne vais rien faire

**24. Translate into French**

a) Il y a deux jours nous avons fait du footing   b) La semaine dernière mes amis et moi avons joué au golf
c) Dimanche dernier j'ai rendu visite à mes grands-parents d) Chaque jour nous devons mettre le couvert et débarrasser la table
e) Aujourd'hui je ne peux pas sortir avec ma petite amie   f) La semaine prochaine nous allons aller faire les magasins
g) Avant-hier j'ai beaucoup étudié   h) Une fois par semaine nous devons sortir la poubelle

### 25. Translate into French

D'habitude, ma famille et moi faisons beaucoup de choses le week-end. Cependant, le week-end dernier nous n'avons pas fait grand-chose. Je me suis détendu en lisant un livre, j'ai fait mes devoirs et j'ai regardé un film à la télé. Mes parents ont fait du footing, puis ils ont fait des tâches ménagères et joué aux cartes. Mon frère aîné a fait ses devoirs et ensuite a joué de la guitare toute la journée. Mon frère cadet a passé toute la journée sur son ordinateur et à jouer à la PlayStation.

C'était un week-end ennuyeux, mais je me suis beaucoup détendu. Le week-end prochain je veux rencontrer mes amis et aller au cinéma. Je vais jouer du ukulélé avec mon ami Pierre. Pierre a quinze ans et il est très amusant. Il est mon meilleur ami.

### 26. Translate into French

Dans ma famille, tout le monde doit aider à la maison. Par exemple, ma mère doit s'occuper du jardin. Mon père cuisine. Mon frère et moi faisons nos lits et rangeons nos chambres. Ma sœur s'occupe du chien.

Nous aimons aider nos parents, mais nous faisons aussi d'autres choses. Par exemple, le week-end dernier j'ai lavé la voiture de mon père et je l'ai aidé dans le jardin. Mon frère a nettoyé le salon et fait la lessive. Ma sœur a tondu la pelouse et sorti le chien. Mes parents étaient très contents.

### 27. Complete with a suitable word
Accept any suitable answers.

### 28. Complete the sentences below
Accept any suitable answers.

### 29. Answer the questions below in French and in full sentences
Accept any suitable answers.

### 30. Write a text including the points below
Accept any suitable answers.

# Question Skills Unit 10

**1. Complete with the missing words**

a) **Où** habites-tu?

b) Qu'est-ce qu'**il y a** dans ton quartier?

c) **Tu vis** dans une maison ou un appartement?

d) **Que** peut-on faire dans ta ville?

e) Que **fais-tu** pour aider à la maison?

f) **Qui** aide le plus, ton frère ou toi?

g) Qu'**as-tu fait** hier pour aider?

h) **Comment** vas-tu au collège?

i) À quelle **heure** tu te réveilles?

j) Comment **est** ta maison?

k) Depuis **quand** habites-tu là?

l) Où **aimerais-tu** vivre à l'avenir?

**2. Match questions and answers**

**À quelle heure tu te réveilles?** – Pendant la semaine, je me réveille à sept heures

**Que peut-on voir dans ta ville?** – On peut voir des concerts et spectacles en tous genres

**Comment est ta maison?** – Ma maison est petite, mais très confortable

**Tu aimes ta maison? Pourquoi?** – Oui, j'aime ma maison car elle est spacieuse et moderne

**Depuis quand habites-tu là?** – J'habite ici depuis que je suis né

**Comment vas-tu au collège?** – Normalement, je vais au collège à pied ou en vélo

**Qu'est-ce qu'il y a dans ta rue?** – Il y a un parc, un restaurant et un café

**Que peut-on faire dans ta ville?** – On peut aller au parc, faire du sport et bien plus encore

**Que fais-tu pour aider chez toi?** – Je range ma chambre et je prépare les repas

**Que fait ton frère pour aider?** – Mon frère ne fait jamais rien. Il est très paresseux

**Qui aide le plus, ton frère ou toi?** – J'aide bien plus. Mon frère ne fait rien du tout

**Où aimerais-tu vivre à l'avenir?** – J'aimerais vivre en Australie plus tard

**3. Faulty translation**

a) What do you do to help your **parents** at home?    b) What can you see in your **town**?

c) Which is your favourite place in your **neighbourhood**?    d) What is your **house** like?    e) Why do you **like** your house?

f) How long **have you lived** there?    g) What did **you** do yesterday to help at home?

h) Who helps more, your **brother** or yourself?    i) What time do you **wake** up in the morning?

**4. Translate into French**

a) Où habites-tu?    b) Tu aimes ta maison?    c) Depuis quand habites-tu là?

d) Dans ton quartier, qu'est-ce qu'il y a comme endroits?    e) Qu'est-ce qu'on peut faire dans ta ville?

f) Que fais-tu pour aider à la maison?    g) Qui aide le plus, ta sœur ou toi?

h) Qu'est-ce que tu as fait hier pour aider à la maison?

# Vocab Revision Workout 5

**1. Match**

**Beaucoup à faire** – A lot to do    **Dans ma maison** – In my house    **Dans ma ville** – In my town    **Des bâtiments** – Buildings
**Dans le nord** – In the north    **Les gens** – The people    **Pour les jeunes** – For young people    **J'ai mal au/à la** – My ... hurt
**Des espaces verts** – Green spaces    **Dans ma rue** – In my street    **Plein de choses** – Many things

**2. Complete with suitable words**

a) Je vis dans une **ville** dans le sud de **la France**

b) Mon quartier est dans la **banlieue** de la ville

c) Je n'aime pas ma rue car c'est **bruyant**

d) Il n'y a pas **beaucoup** de magasins, ni d'**espaces** verts

e) Il y a aussi beaucoup de **crime**, ainsi ce n'est pas un **lieu** sûr

f) Hier soir, je n'ai pas fait mes devoirs car j'avais mal à **la tête**

g) Dans ma rue, il y a seulement un **magasin**

h) J'habite dans un bâtiment **moderne** et propre. **J'aime** cela

**3. Translate into French**

J'habite dans une ville dans le sud de la France. Mon quartier est dans la banlieue de la ville. Mon quartier est grand et joli. Il y a beaucoup d'espaces verts et d'installations sportives. Il y a aussi un centre commercial énorme près de chez moi avec beaucoup de bons magasins. Dans ma rue, il y a un gymnase, un petit supermarché, un restaurant chinois et un bar. Près chez moi il y a un grand parc où je fais du vélo, joue avec mes amis et promène le chien. La meilleure chose dans mon quartier, c'est que les gens sont sympas et polis. Le pire, c'est qu'il n'y a pas beaucoup à faire pour les jeunes.

**4. Sentence puzzle**

a) Hier je suis allé au cinéma voir un film avec ma copine   b) Avant-hier j'ai fait du vélo dans le parc avec mes amis
c) Heureusement on peut faire beaucoup de sport dans mon quartier
d) Il y a trois jours je suis allé faire des courses au centre commercial
e) Dans mon quartier il y a plein de bons magasins de vêtements   f) Dans mon quartier on peut faire plein de choses
g) On peut faire de l'escalade et du skate dans le parc   h) La semaine dernière je suis allé au centre sportif pour jouer au tennis
i) Hier je suis allé au stade avec mon frère pour voir un match de foot
j) Samedi dernier ma sœur et moi sommes allés voir un concert ensemble

**5. Complete with *aller*, *faire*, *jouer*, *visiter* or *voir* as appropriate**

a) On peut **faire** de la natation   b) On peut **voir** des matchs de foot   c) On peut **faire** les magasins
d) On ne peut pas **voir** de concerts   e) On peut **visiter** des sites historiques   f) On peut **jouer** au golf
g) On peut **voir** des films   h) On peut **aller** en boîte   i) On peut **faire** du footing au parc

**6. Spot and correct the spelling errors**

a) Édimbourg est en **Écosse**   b) Près de chez moi il y a une rue **piétonne**   c) Dans mon **quartier** il y a un grand parc
d) J'aime mon quartier car il est **sûr**   e) Ma rue est **propre** et tranquille   f) Dans ma rue il y a **beaucoup** de circulation
g) On peut faire du footing dans le **jardin** public   h) Hier, j'ai **joué** au tennis au club **municipal**
i) **Avant-hier** j'ai fait de la natation à la **piscine**

**7. Faulty translation**

a) In my street there **are** many **good** shops          b) The tennis club is **in front of** the **school**
c) There are no **sports** shops in my **street**          d) Is there **any library** over here?
e) The park is located **opposite** the **airport**          f) There's a supermarket **near** the **train station**
g) The restaurant is a ten minutes' **car ride away**          h) **Next to** my house there is a **baker's**

**8. Translate into English**

a) I went to the swimming pool   b) I am going to go shopping   c) We went to the countryside   d) We did sport
e) We are going to ride the bike   f) I went swimming   g) I am going to go to the stadium   h) We played basketball
i) We went sightseeing   j) We ate fresh fish   k) I read a novel   l) We watched cartoons

**9. Translate into French**

a) J'ai passé un bon moment avec ma meilleure amie   b) Je suis allé au cinéma avec ma copine
c) Nous avons fait du tourisme dans la vieille ville   d) Je vais jouer au basket demain   e) Je n'ai rien fait samedi dernier
f) Nous sommes allé faire les magasins au centre commercial près de chez moi   g) Nous allons aller à une fête
h) J'ai fait de la natation et du vélo   i) Je n'ai pas fait mes devoirs car j'avais mal à la tête
j) Je n'ai pas lavé la voiture car je devais étudier   k) Je n'ai pas fait la vaisselle hier

# Unit 11: Talking about a past holiday – where we went & where we stayed

**1. Match**

**Le bateau** – The ship/boat    **La voiture** – The car    **Le voyage** – The journey    **Un hôtel bon marché** – A cheap hotel
**Un hôtel de luxe** – The luxury hotel    **La ferme** – The farm    **Chez mon grand-père** – At my grandad's
**En avion** – By plane    **Le court de tennis** – The tennis court    **La semaine dernière** – Last week    **Les gens** – The people

**2. Complete with the missing letter**

a) Je suis allé en France   b) Je suis allé en Allema**g**ne   c) Je suis allé en Malaisie   d) Je suis allé en Espa**g**ne
e) Je suis allé en Itali**e**   f) Je suis allé en Australi**e**   g) Je suis allé en É**c**osse   h) Je suis allé en Irlande

**3. Break the flow**

a) L'année dernière je suis allé en Italie   b) Je suis allé avec ma famille   c) J'ai voyagé en voiture
d) Le voyage était ennuyeux   e) J'ai logé dans un hôtel de luxe près de la plage   f) L'hôtel était grand et moderne
g) J'ai passé un bon moment car c'était génial   h) De plus il y avait beaucoup de choses à faire

**4. Complete with a suitable word**

Accept any suitable answers.

**5. Faulty translation**

a) Two **days** ago **we** went to **Italy**   b) The **boat** journey was very **slow**   c) Last **week**   d) I had a **good** time
e) There were fantastic **beaches**   f) We stayed in a **cheap** hotel   g) There were a lot **to do**
h) **There was a tennis court**   i) My room was very **spacious**

**6. Sentence puzzle**

a) Le mois dernier nous sommes allés en Irlande   b) J'y suis allé avec mon meilleur ami
c) Nous avons voyagé en train puis nous avons loué une voiture   d) Le trajet était long, mais très divertissant
e) J'ai logé dans un hôtel près de la plage
g) J'ai passé un bon moment car les plages étaient fantastiques et il faisait beau tous les jours

**7. Complete with *aller* in the perfect tense:**

a) suis allé   b) est allé   c) sont allés   d) sommes allés   e) es allé   f) est allée   g) est allé   h) sont allés
i) êtes allés   j) sommes allés   k) est allée

**8. Verb anagrams**

a) passé   b) faisait   c) sommes allés   d) avons logé   e) avait   f) ont mangé   g) a joué

**9. Gapped translation**

a) year   b) rented   c) good   d) cheap   e) far from   f) liked   g) young people   h) boat   i) good time   j) parents

**10. Translate into English**

a) We travelled by boat   b) We went to Greece   c) I didn't go anywhere   d) There were magnificent beaches
e) My parents had a good time   f) We went sightseeing every day   g) I liked a lot the youth hostel
h) There was a lot to do for young people   i) We had a lot of fun   j) We went on trips almost every day
k) People were very nice   l) We saw a lot of fantastic places

**11. Wordsearch**

There was – **Il y avait**   With my family – **Avec ma famille**
I travelled by boat – **J'ai voyagé en bateau**
The journey was slow – **Le voyage était lent**
We stayed – **Nous avons logé**   In a hotel – **Dans un hôtel**
We rested – **On s'est reposé**   A good time – **Un bon moment**
The people were nice – **Les gens étaient sympas**

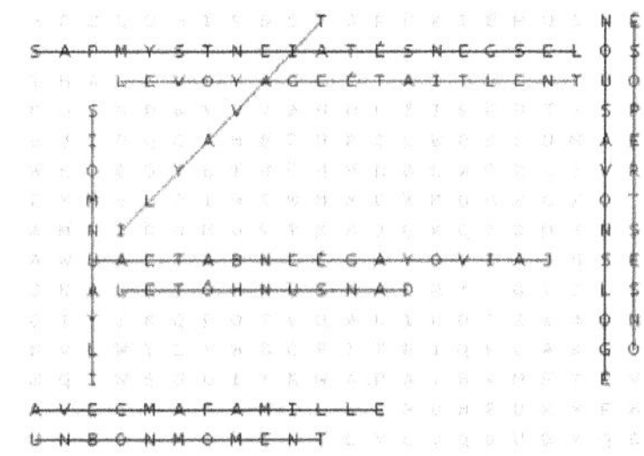

**12. Categorise the sentences below with a T for "means of transport", an A for "accommodation" or a W for weather**

a) A   b) T   c) A   d) W   e) T   f) T   g) W   h) A   i) T   j) A   k) A   l) W   m) A   n) W

### 13. Slalom writing

a) Le trajet était long, ennuyeux et fatigant   b) Notre hôtel était près du centre-ville

c) Dans l'hôtel il y avait une salle de jeux pour les enfants   d) Mes parents sont allés faire les magasins

e) Ma sœur est allée faire du tourisme avec son petit ami   f) Mon frère et moi sommes allés à la plage

g) Nous avons passé un bon moment. Je veux y retourner

### 14. Find in Orla's text the French for

a) Nous avons loué

b) Le trajet

c) Long et ennuyeux

d) Nous avons logé

e) Était très près

f) Il y avait

g) Une salle de jeux

h) Un espace spa

i) La nourriture

j) Donc

k) Il a fait beau

l) Nous avons pu

m) Tous les jours

n) Le soir

o) Je suis restée

p) Mais

q) Mon frère aîné

r) Est allé en boîte

### 15. Answer the following questions about Aoife

a) Plane (and then car)   b) Short but quite boring   c) A cheap hotel (near Benidorm)   d) Far from the beach / one km away

e) Often   f) They went to local restaurants   g) Lots of clothes   h) It had no water!   i) There were many nice young people

### 16. Find someone who…

a) Aoife b) Ciara c) Ciara d) Orla/Aoife/Ciara e) Aoife f) Ciara g) Aoife h) Ciara i) Orla j) Ciara's cousins k) Aoife

### 17. Complete with the options provided in the box below

L'année dernière, je suis allée en **France**. Nous avons voyagé en **avion**. Le voyage a été assez **long** et ennuyeux. Nous avons logé dans un hôtel **bon marché** (mais bien) à Marseille. L'hôtel était très près du **centre-ville**, j'ai **adoré**. Il y avait une très **grande** piscine, une salle de jeux pour les enfants et aussi un espace spa pour mes parents. Le restaurant servait de la nourriture **savoureuse**, ainsi nous avons beaucoup mangé. Il faisait **chaud** tous les jours, donc nous avons souvent été à la plage. Le soir, je ne suis pas **sortie**, mais mon frère aîné est allé en boîte tous les soirs.

### 18. Jigsaw reading

1, 9, 2, 4, 8, 5, 7, 3, 6, 10

### 19. Correct the following sentences from Aoife's text at page 141

a) L'an pass**é** je suis allée en Espagne

b) Le **vol** était court, mais assez ennuyeux

c) Nous avons logé dans un hôtel bon marché près **de** Benidorm

d) L'hôtel était loin de la plage ainsi nous devions marcher un **peu** pour aller à la plage

e) Je n'ai **pas** aimé l'hôtel

f) Le restaurant servait de la nourriture gras**se** et malsain**e**

g) Heureusement, il a fait beau presque tous **les** jours

### 20) Complete the sentences below with any suitable word

Accept any grammatically correct & logical answers

**21) Gapped translation**

a) Clean **towels**

b) Well-**furnished**

c) There was no **soap**

d) It was **clean**

e) There were **sea views**

f) Nothing **worked**

g) There were **cockroaches**

h) Old **furniture**

i) A dirty **pillow**

j) Clean **sheets**

k) It was **dirty**

l) A **new** TV

m) There was a **fridge**

n) A **comfortable** bed

**22. Match**

**Propre** – Clean   **Sale** – Dirty   **Fonctionnait** – Worked   **Frigo** – Fridge   **Bien meublé** – Well-furnished
**Meubles** – Furniture   **Vue sur mer** – Sea views   **Neuve** – New   **Serviettes** – Towels   **Draps** – Sheets
**Cafards** – Cockroaches   **Oreillers** – Pillows   **Savon** – Soap

**23. Complete with the missing letters**

a) Ma chambre   b) Des meubles anciens   c) Un lit confortable   d) Rien ne fonctionnait   e) Des oreillers propres
f) Il y avait des cafards   g) Mal meublé   h) Il n'y avait pas de savon   i) Des draps propres   j) C'était sale   k) C'était propre

**24. Match questions and answers**

**Où as-tu été en vacances?** – J'ai été à Cannes en France
**Quand es-tu parti?** – Je suis parti le 15 juillet
**Comment as-tu voyagé?** – J'ai voyagé en avion, bien entendu
**Avec qui es-tu allé?** – J'y suis allé avec ma famille et un ami
**Où as-tu logé?** – Nous avons logé dans un hôtel de luxe
**Où était l'hôtel?** – Il était situé sur le front de mer
**Comment était l'hôtel?** – Il était très grand et moderne
**Qu'est-ce qu'il y avait à l'hôtel?** – Il y avait une grande piscine, un gymnase et un restaurant
**Combien de temps es-tu resté?** – Je suis resté deux semaines
**Comment était ta chambre?** – Elle était très propre et confortable
**Il y avait quoi dans ta chambre?** – Il y avait un grand lit, un bureau et une télé

**25. Complete with the missing letters**

a) **Il y a** deux ans   b) Je **suis allé** en Allemagne   c) **J'ai voyagé** en avion   d) **J'ai passé** un bon moment!
e) **C'était** très relaxant   f) **J'ai logé** dans un camping   g) **J'ai vu** beaucoup de monuments   h) **Il y avait** des cafards
i) **Presque** tous les jours   j) La douche ne **fonctionnait** pas

**26. Translate into French**

a) L'année dernière   b) J'ai voyagé en voiture   c) J'ai logé   d) Dans un hôtel bon marché   e) Près de la plage   f) Il y avait
g) Une grande piscine   h) De la nourriture délicieuse   i) Il faisait beau   j) Presque tous les jours   k) Heureusement
l) Je me suis bien amusé

**27. Complete**

a) Je suis allé en vacances en Espagne   b) J'ai voyagé en voiture   c) Je suis allé avec ma famille   d) Le voyage était long
e) Nous avons logé dans une auberge de jeunesse   f) J'ai beaucoup aimé l'hôtel   g) Nous avons passé un bon moment
h) Il y avait beaucoup de choses à faire   i) Il y avait une piscine, un gymnase et bien plus encore

**28a. Answer the questions as if you were Georges**

a) Je suis allé en Italie   b) L'an passé   c) J'ai voyagé en avion, puis j'ai loué une voiture
d) Je suis allé avec mon meilleur ami Léonard   e) J'ai logé dans un bon hôtel
f) L'hôtel était à Sorrento   g) L'hôtel était moderne et confortable (accept bon hôtel)
h) Il y avait une piscine, une salle de jeux pour les enfants et aussi un espace spa
i) Je suis resté pendant une semaine   j) Je suis allé à la plage et je me suis reposé
k) La nourriture du restaurant était très bonne   l) Il faisait beau tous les jours

**28b. Cast your mind back to a recent holiday of yours and answer the questions in 28a**

Accept any suitable answers.

**29. Translate into French**

**a.** L'année dernière je suis allé en vacances en Espagne. J'ai voyagé en avion. Nous avons logé dans un hôtel sur la côte en Andalousie. L'hôtel était très beau et moderne. Il y avait beaucoup d'installations sportives. De plus, il y avait une discothèque/boîte de nuit et de très bons magasins de vêtements.

**b.** Heureusement, il faisait beau, donc nous avons pu aller à la plage tous les jours. La plage était à cent mètres à pied de l'hôtel. Tous les jours nous avons bronzé, nagé, joué au volley et fait des promenades sur le front de mer. Nous avons adoré la plage et les gens là-bas étaient très agréables et sympathiques.

**c.** J'ai vraiment aimé l'hôtel. Il y avait beaucoup à faire pour les jeunes comme moi, et aussi un espace spa pour mes parents. La piscine et le gymnase étaient phénoménaux. Le soir, il y avait des concerts en direct et autres spectacles. Ma chambre était grande et bien meublée. Il y avait une grande télévision et un grand balcon avec vue sur mer. Tout fonctionnait parfaitement.

**d.** Mon ami Jean est aussi allé en vacances en Espagne, mais il est resté à Lloret de Mar, près de Barcelone sur la Costa Brava. Il est allé là-bas avec sa mère et sa sœur. Il a dit qu'il ne faisait pas beau, donc il ne pouvait pas aller à la plage tous les jours. Il adore la plage donc il était déçu. Heureusement, il y avait beaucoup de bons magasins, donc il a acheté plein de choses pour lui et pour sa petite amie.

# Question Skills Unit 11

### 1. Complete

a) es-tu allé   b) as-tu voyagé, comment   c) qui   d) où, c'était   e) as-tu fait   f) tu as goûté   g) étaient   h) tu as eu

### 2. Write a question for each of the answers

a) Où es-tu allé en vacances?   b) Comment as-tu voyagé?   c) Avec qui es-tu allé?   d) Où es-tu resté?

e) Tu as aimé l'hôtel? Pourquoi?   f) Quel temps faisait-il?   g) Qu'as-tu fait pendant les vacances?

h) Qu'est-ce que tu as préféré?   i) Tu as eu des problèmes à l'hôtel?   j) Tu voudrais y retourner l'an prochain?

### 3. Rewrite the questions in correct French

a) Où es-tu allé l'an passé?   b) Comment as-tu voyagé?   c) Comment était le voyage?   d) Où as-tu logé?

e) Quel temps faisait-il?   f) Qu'as-tu fait pendant le voyage?   g) Tu voudrais y retourner l'an prochain?

### 4. Translate into French

a) Où es-tu allé l'an passé?   b) Avec qui es-tu allé?   c) Comment est-il/elle?   d) Comment as-tu voyagé?

e) Où as-tu logé?   f) Comment était l'hôtel?   g) Tu as eu des problèmes à l'hôtel?   h) Qu'as-tu fait pendant les vacances?

i) Tu as goûté un plat typique?   j) Qu'est-ce que tu as préféré de tes vacances?   k) Tu voudrais y retourner l'an prochain?

# Unit 12: Talking about a past holiday – what we did and our opinion of it

## 1. Match

**J'ai loué un vélo** – I rented a bike    **J'ai goûté des plats** – I tasted dishes    **Je suis allé en boîte** – I went clubbing

**J'ai fait de la randonnée** – I went hiking    **J'ai acheté des souvenirs** – I bought souvenirs    **J'ai bronzé** – I sunbathed

**J'ai fait de la plongée** – I went scuba diving    **Je me suis reposé** – I rested    **J'ai fait une promenade** – I went for a walk

**J'ai rencontré un garçon** – I met a boy **J'ai fait une excursion** – I went on a trip **Je me suis couché tard** – I went to bed late

## 2. Missing letters

a) J'ai loué un vélo   b) J'ai acheté des souvenirs   c) J'ai bronzé au soleil   d) J'ai fait de la plongée

e) J'ai rencontré un garçon sympa  f) J'ai fait une promenade en ville  g) J'ai goûté des plats typiques  h) J'ai nagé dans la mer

i) J'ai fait de la randonnée à la campagne  j) J'ai pris beaucoup de photos  k) Je me suis couché tard l) Je suis allé en boîte

## 3. Faulty translation

a) On the **first** day     b) I **sunbathed**   c) I **took some photos**   d) I **rested**   e) I met a **boy**   f) I **tasted** dishes

g) I did **nothing**  h) The **worst** thing was   i) I went **diving**   j) I swam in the **sea**   k) I rented a **bike**   l) I went to bed **late**

## 4. Spot and add the missing word

a) **L'**après-midi  b) J'ai rencontré un **garçon**   c) J'ai bronzé **au** soleil   d) J'ai loué **un** vélo   e) J'ai fait **une** excursion

f) J'ai **fait** une promenade   g) J'ai joué **avec** ma sœur   h) J'ai nagé **dans** la mer   i) Je n'ai **presque** rien fait

j) Je suis **allé** en boîte   k) **Je** voudrais retourner

## 5. Sentence puzzle

a) Le premier jour je n'ai presque rien fait   b) Le matin je suis allé à la piscine    c) J'ai bronzé en écoutant de la musique

d) Mes parents se sont levés très tard    e) Mon petit frère a passé tout son temps à jouer sur son téléphone portable

f) Nous avons déjeuné dans le restaurant de l'hôtel vers midi

g) Après ma sieste, je suis allé à la plage près de l'hôtel, mais il n'y avait personne là-bas

## 6. Wordsearch

I went scuba diving – **J'ai fait de la plongée**

I went hiking – **J'ai fait de la randonnée**

I went to bed late – **Je me suis couché tard**

I sunbathed – **J'ai bronzé**

I went to the beach – **Je suis allé à la plage**

I raveloled by boat – **J'ai voyagé en bateau**

The journey was slow – **Le voyage était lent**

I swam in the sea – **J'ai nagé dans la mer**

I rested – **Je me suis reposé**

I read a book – **J'ai lu un livre**

I took photos – **J'ai pris des photos**

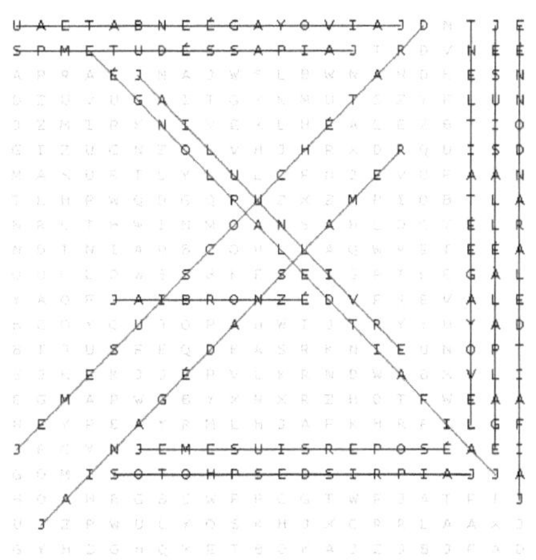

## 7. Gapped translation

a) On the **first** day, I did **nothing**   b) On the **second** day I went **hiking**   c) I **went** for a **walk** at the **beach**

d) I **relaxed** reading **comics**   e) I **met** a lot of nice **people**    f) One **day** we tasted typical **dishes**

g) On the fourth day I went **sightseeing**   h) The **worst** thing was the **weather**   i) I **swam** and went **diving** every day

j) One day I **met** a Swedish **girl**   k) She was very **pretty** and **funny**

## 8. Complete with the correct option

a) un vélo  b) une promenade   c) rien   d) lisant des livres   e) dans la mer   f) temps   g) premier jour   h) plats typiques

i) vieille  j) un garçon   k) souvenirs   l) photos

### 9. Complete the table

| Français | English |
|---|---|
| J'ai fait de la randonnée | I did hiking |
| Je me suis levé tard | I got up late |
| J'ai pris des photos | I took photos |
| J'ai goûté des plats typiques | I tasted typical dishes |
| Le troisième jour | The third day |
| J'ai passé du temps | I spent time |
| J'ai bronzé | I sunbathed |
| Des sites historiques | Historic places |
| Je suis allé en boîte | I went clubbing |

### 10. Find someone who...

a) Anne    b) Charles    c) Philippe    d) Paul    e) Marie    f) Véronique    g) Éric    h) Gabriel

### 11. Find the French equivalent

a) Le mieux pour moi, c'était     i) Plein de monuments
b) Une moto     j) Si savoureuse
c) Des jolis vêtements     k) À la plage
d) Faire les magasins     l) Si belles
e) Près de mon hôtel     m) Nous avons rencontré
f) Nous avons goûté     n) Une ville historique
g) C'était vraiment génial!     o) Y compris un château
h) J'ai acheté     p) Nous avons loué

### 12. Translate into English

a) On the first day I didn't do anything    b) I spent time with my family    c) I tried typical dishes

d) I went for a walk in the old city    e) We visited historic places    f) I saw puppet shows    g) I went to bed late

h) I got up early    i) On the last day I saw a football match    j) I sunbathed on the beach every day

### 13. Anagrams

a) loué    b) fait    c) allé    d) bronzé    e) couché    f) préféré    g) goûté    h) levé    i) rencontré

### 14. Insert *j', je, tu, il/elle, nous, vous* or *ils/elles* as appropriate

a) tu    b) j'    c) ils/elles    d) il/elle    e) j'    f) nous    g) vous    h) elle    i) ils    j) nous

### 15 Complete the table

| Verb | Perfect tense – J', Je | Perfect tense – Elle | Perfect tense – Elles |
|---|---|---|---|
| Louer | ai loué | a loué | ont loué |
| Passer | ai passé | a passé | ont passé |
| Bronzer | ai bronzé | a bronzé | ont bronzé |
| Rencontrer | ai rencontré | a rencontré | ont rencontré |
| Faire | ai fait | a fait | ont fait |
| Aller | suis allé | est allée | sont allées |
| Visiter | ai visité | a visité | ont visité |
| Voir | ai vu | a vu | ont vu |

### 16. Complete with the correct verb

a) Le premier jour je suis **allé** en excursion    b) Mes parents ont **fait** de la randonnée    c) Mon frère a **joué** au foot avec ses amis
d) Nous avons **passé** du temps avec nos grands-parents    e) Je me suis **levé** tard tous les jours    f) J'ai **vu** des sites historiques
g) Le dernier jour **était** le meilleur    h) Nous avons **fait** une promenade en ville    i) Mon père a **loué** un petit bateau
j) J'ai **pris** beaucoup de photos de vieux monuments

### 17. Rock-climbing translation

a) Un jour nous avons loué un vélo et sommes allés faire un tour en ville

b) L'après-midi je me suis détendu en écoutant de la musique et en lisant

c) C'étaient des vacances inoubliables et je voudrais y retourner    d) Le mieux c'était quand nous sommes allés en boîte

e) Le jour avant de rentrer j'ai rencontré deux filles de Marseille

### 18. Guided translation

a) Le matin je suis allé à la piscine    b) Je n'ai presque rien fait    c) J'ai passé beaucoup de temps avec ma sœur

d) C'étaient des vacances inoubliables    e) Mon frère a rencontré une fille    f) Mes parents sont allés au restaurant

g) J'ai nagé dans la piscine    h) Je me suis détendu en lisant à la plage    i) Nous avons nagé dans la mer

### 19. Answer in English

a) By plane    b) Near    c) On the seashore    d) The weather was good every day

e) On the beach, sunbathing & doing water sports    f) They rested at the hotel    g) The day before returning (to Québec)

h) La citadelle    i) Germany    j) Because they went to bed late every day

### 20. Tick the items that you can find (in French) in Marcel's text

a) √        f) √

b) √        g) √

c) √        h) √

d) √        i) √

e) √        j) X

### 21. Ross' text: find the French equivalent

a) L'hiver dernier                    g) Nous avons fait les magasins

b) Nous avons logé                  h) Beaucoup de souvenirs

c) J'ai beaucoup aimé              i) Des jolis vêtements

d) Il y avait                              j) Deux jours avant

e) Beaucoup de gens              k) Des plats typiques

f) Nous nous sommes reposés    l) Nous avons rencontré

### 22. Ross' text: find the French

a) hiver  b) voiture  c) inoubliables  d) skier  e) rentrer  f) amusant  g) photos  h) discuté

### 23. Jigsaw reading

1, 4, 9, 7, 10, 2, 11, 5, 12, 8, 6, 3

### 24. Complete with a suitable word

a) Plage, campagne, montagne...    b) long, fatigant, amusant...    c) logé    d) mer    e) beau/mauvais    f) nagé

g) bronzé, musique    h) lu    i) tour    j) choses, faire    k) magasins, vêtements    l) restés, regarder

### 25. Tangled translation: rewrite in French

a) Un **jour** nous avons fait **une** excursion à la **montagne**    b) Nous **avons logé dans** un hôtel près de la **plage**

c) Dans l'hôtel **il y avait** plein de choses **à faire** pour les **jeunes**    d) Nous avons mangé de la **nourriture** vraiment **délicieuse**

e) Heureusement il a fait **beau** tous les **jours**    f) Nous avons été **à la plage** très souvent

g) Nous **avons bronzé** et nous **avons joué** au volley    h) **Nous avons rencontré** des gens sympas. C'était **génial**!

i) Le soir, **j'ai fait les magasins**. J'ai acheté **beaucoup de choses**

### 26. Translate into French

a) J'ai fait du vélo    b) J'ai loué une voiture    c) J'ai passé du temps    d) Il a joué au tennis    e) Il s'est levé tard

f) Je suis allée    g) Nous sommes allés    h) Nous avons nagé    i) J'ai mangé du poulet    j) J'ai bronzé

### 27. Translate into French

a) Le premier jour j'ai visité la vieille ville   b) Le deuxième jour j'ai loué un vélo

c) Le troisième jour nous avons fait du tourisme   d) Le matin je me suis levé tard

e) J'ai bronzé à la plage jusqu'à midi   f) Nous avons fait de la randonnée tous les jours

g) Hier j'ai fait une promenade    h) Nous avons nagé dans la mer   i) Nous avons logé dans un hôtel bon marché

j) Le soir mes parents sont allés en boîte   k) Nous avons goûté des plats typiques   l) Il faisait beau tous les jours

### 28. Complete the following sentences creatively

Accept any suitable answers.

### 29. Translate the paragraphs into French

**1.** La semaine dernière je suis rentré d'Italie. J'ai passé une semaine à Rome avec ma famille. J'ai logé dans un hôtel bon marché près de la gare. Ma chambre était petite, mais confortable. J'ai visité le centre-ville, beaucoup de musées, des ruines romaines et j'ai vu beaucoup de monuments anciens, des églises et des palais. Le mieux c'était quand j'ai rencontré un garçon sympa de Corse. Nous nous sommes bien amusés ensemble. Je suis aussi allé à la plage. La plage était à une heure de Rome en voiture.

**2.** Il y a deux mois, mon frère aîné est allé seul en France. Il est resté dans un petit village de pêcheurs en Bretagne, à une heure de Quimper. Il a loué une maison au bord de la mer. La maison était propre et confortable, mais il n'y avait ni télévision, ni internet. La plage était géniale, donc il a passé toutes ses journées à bronzer, nager et à faire des promenades le long du front de mer. Le soir, il a goûté des plats typiques et ensuite il est allé en boîte à Audierne.

**3.** L'hiver dernier, mes parents sont allés en France. Ils ont passé deux semaines à Chamonix dans les Alpes françaises. Ils ont logé dans un hôtel quatre étoiles très près d'une piste de ski fantastique. La vue était magnifique. Il a neigé tous les jours, donc il y avait beaucoup de neige. Ils se sont levés tôt et ont skié tous les matins et pendant une heure l'après-midi. Il n'y avait pas beaucoup de monde, donc c'était très amusant. Le soir, ils ont mangé de la nourriture française, c'était délicieux.

# Question Skills Unit 12

### 1. Match questions and answers

**Où es-tu allé en vacances?** – Je suis allé à Audierne en Bretagne

**Comment as-tu voyagé?** – J'ai voyagé en avion car c'est très rapide

**Comment a été le voyage?** – Le voyage a été court et relaxant

**Où as-tu logé?** – J'ai logé dans un camping

**Combien de jours as-tu passé là-bas?** – J'ai passé une semaine là-bas

**Qu'as-tu fait le premier jour le matin?** – Je me suis levé tôt et je suis allé surfer

**Qu'as-tu fait l'après-midi?** – Avant de dîner, je suis allé au marché

**Tu as passé de bonnes vacances?** – Oui, c'étaient des vacances inoubliables

**Qu'est-ce que tu as aimé le plus?** – Ce que j'ai aimé le plus, c'était nager dans la mer

**Comment préfères-tu voyager?** – Je préfère voyager en avion car c'est rapide

**Avec qui préfères-tu voyager?** – Je préfère voyager avec mes amis

**Tu voudrais y retourner l'an prochain?** – Oui, j'aimerais bien retourner à Audierne

### 2. Write in the missing word

a) Où **es-tu allé** en vacances? b) Comment **était** le voyage? c) **Comment** préfères-tu voyager?

d) Où as-tu **logé**? e) Qu'**as-tu fait** le matin? f) Quel **temps** faisait-il l'après-midi?

g) **Combien** de jours as-tu passé là-bas? h) Qu'**as-tu fait** le soir? i) Qu'est-ce que tu as **préféré** de tes vacances?

j) Tu **as aimé** tes vacances? k) Tu **voudrais** y retourner l'an prochain?

### 3. Write the questions to the answers below

a) Où es-tu allé en vacances?   b) Comment as-tu voyagé?   c) Où as-tu logé?   d) Qu'as-tu fait le premier jour le matin?

e) Quel temps a t-il fait? f) Combien de jours as-tu passé là-bas? g) Tu as aimé l'auberge?   h) Qu'est-ce tu as préféré?

i) Tu voudrais y retourner l'an prochain?

**4. Translate the following questions into French**

a) Où es-tu allé en vacances l'année dernière?     b) Comment as-tu voyagé?     c) Comment préfères-tu voyager?

d) Avec qui as-tu voyagé?     e) Où as-tu logé?     f) Combien de jours as-tu passé là-bas?     g) Quelle était la meilleure chose?

h) Tu voudrais y retourner l'an prochain?

# Vocab Revision Workout 6

## 1. Faulty translation

a) I didn't **lay** the table     b) I didn't **do** anything     c) I didn't **iron**     d) I washed the **car**     e) I tidied my **bedroom**

f) I **washed** the dishes     g) I **cleared** the table     h) I **made the bed**     i) I **walked the dog**

## 2. Complete with a suitable word

a) je, parents, devoirs     b) mal     c) suis     d) pas     e) mal     f) beaucoup     g) rien     h) fait     i) au

## 3. Translate

a) I couldn't do it     b) I didn't help my father     c) I didn't feel like it     d) I was busy     e) I laid the table

f) I didn't do anything     g) My arm hurt     h) My head hurt     i) I washed the car     j) I walked the dog

## 4. Complete with a suitable word

**Marcel**: **Salut** Paul, ça va?

**Paul**: Salut Marcel. Bien, **et toi**?

**Marcel**: Très bien. **Que** veux-tu faire?

**Paul**: Aujourd'hui, je voudrais **faire** un tour en vélo. Et toi?

**Marcel**: Je ne sais pas, ça ne me **dit** rien. Je préfèrerais aller au cinéma.

**Paul**: **D'accord**, pas de problème. On peut y aller si tu veux.

**Marcel**: Fantastique! On se voit à quelle **heure**?

**Paul**: On se **retrouve** à sept heures.

**Marcel**: Parfait, on se retrouve **où**?

**Paul**: On se retrouve en face **du** cinéma.

## 5. Complete with the missing letters

a) où?     b) peux     c) dois     d) plus tard     e) voudrais     f) veux     g) accord     h) problème     i) retrouve

## 6. Acro-translation

a) À plus tard     b) En face du cinéma     c) Je dois faire les tâches ménagères

## 7. Complete

a) On se retrouve où ce soir?     b) Que veux-tu faire?     c) D'accord. Pas de problème.

d) Je ne peux pas. Je dois aider mes parents.     e) Désolé, ça ne me dit rien.     f) On se retrouve en face du cinéma.

g) Je dois ranger ma chambre.     h) On peut aller au parc avec eux/elles.     i) On se retrouve à quelle heure?

## 8. Sentence puzzle

a) Hier je n'ai rien fait de spécial     b) Avant-hier j'ai vu un film     c) Le week-end je fais les tâches ménagères

d) Samedi dernier je suis sorti avec ma copine     e) Tous les jours je dois me lever tôt

f) Il y a deux jours j'ai joué aux échecs avec elle     g) Ce soir je vais aller à la plage     h) Hier soir je me suis détendu en lisant

## 9. Complete with the correct verb in the appropriate tense (past, present or future)

a) je suis allé     b) j'ai lu     c) je vais aller     d) je dois     e) je fais     f) je vais     g) je suis sorti     h) je suis allé

i) je ne veux pas     j) je ne fais pas     k) je vais me lever

# Unit 13: Talking about a recent day trip

**1. Match**

**Hier matin -** Yesterday morning

**Avec mes parents -** With my parents

**Je me suis couché tard -** I got up late

**J'ai mangé du pain grillé -** I had some toast

**J'ai voyagé en voiture -** I travelled by car

**Il faisait beau -** The weather was good

**À la campagne -** I went to the countryside

**Je me suis levé tôt -** I woke up early

**Après le petit-déjeuner -** After breakfast

**Je suis sorti de la maison -** I left the house

**Le voyage était long -** The trip was long

**2. Complete**

a) voyage  b) levé  c) ensemble  d) bronzé  e) campagne  f) long  g) dîné  h) géniale  i) beau  j) nagé

**3. Gapped translation**

a) yesterday | beach  b) parents | late | day  c) the house  d) pool  e) plane  f) long  g) rained  h) things
i) swam | played | girlfriend

**4. Arrange in chronological order (accept other logical solutions)**

1, 4, 8, 10, 6, 13, 3, 9, 11, 7, 12, 5, 2

**5. Break the flow**

a) Je me suis réveillé tôt  b) Je me suis levé tout de suite  c) Puis j'ai pris le petit-déjeuner avec ma sœur

d) Mes parents ont mangé plus tard  e) J'ai voyagé en car et ensuite j'ai loué un vélo

f) Nous avons pique-niqué à la plage  g) Heureusement il faisait beau  h) Nous avons nagé et ensuite on a bronzé

**6. Verb anagrams**

a) réveillé  b) voyagé  c) arrivés  d) était  e) faisait  f) fait  g) bronzé  h) promenade  i) joué

**7. Likely or unlikely?**

a) Unlikely  b) Unlikely  c) Unlikely  d) Likely  e) Unlikely  f) Likely  g) Unlikely  h) Unlikely  i) Likely  j) Unlikely
k) Likely

**8. Multiple choice quiz**

I got up (1)   In the morning (3)   Before going to bed (1)   We came back (3)   We left early (2)
The journey was slow (1)   We swam (2)   We went fishing (1)   The journey was long (3)   We rented a coach (3)

**9. Complete with the options in the box**

a) tôt  b) j'ai mangé  c) sont levés  d) suis sorti  e) campagne  f) y avait  g) gens  h) chaud  i) ai nagé  j) a joué
k) a fait  l) ont bronzé  m) avons passé

**10. Write J', *Je, Elle, Nous* or *Ils* as appropriate**

a) j'  b) nous  c) elle  d) nous  e) nous  f) ils  g) je  h) nous  i) ils  j) elle

**11. Categories**

J'/Je 1, 6, 7, 12    Mon frère 4, 10, 14    Nous 2, 5, 9    Mes parents 3, 11, 15    Le temps 8, 13, 16

**12. Sentence puzzle rewrite the sentences in the correct order**

a) Hier nous sommes allés en excursion à la mer   b) Nous nous sommes levés très tôt

c) Nous sommes sortis de l'hôtel vers sept heures   d) Le voyage était long et un peu ennuyeux

e) Nous sommes arrivés à la plage vers dix heures et demie   f) La plage était magnifique, mais il y avait beaucoup de gens

g) Mes parents ont bronzé et se sont détendus   h) J'ai nagé et ensuite j'ai joué au volley avec mes frères

i) Nous sommes rentrés à l'hôtel vers six heures et demie   j) Le voyage du retour était encore plus ennuyeux

## 13. Translate into English

a) I got up early

b) We arrived at the lake at around nine

c) The weather was good until four, then it rained

d) We didn't do anything special

e) My brothers did many things

f) The sea water was clean

g) My parents went waterskiing

h) I walked by the sea

i) We arrived at the hotel before dinner time

j) Before going to bed I had a shower

## 14. Tangled translation: rewrite in French

a) Hier **matin** je me suis levé **à six heures**

b) Je suis allé à la **piscine avec** mon **meilleur** ami

c) Je me suis réveillé très **tôt**

d) J'ai pris le **petit-déjeuner** avec ma **famille**

e) **Je suis sorti de** la **maison à sept heures**

f) Nous avons voyagé en **voiture** avec mon **père**

g) Le voyage **était** long, **mais amusant**

h) Il faisait **beau** le **matin**

i) Nous **sommes arrivés** à la **plage à** dix heures

j) **La** plage **était** magnifique

k) **Nous avons fait** plein de **choses** ensemble

l) **J'ai bronzé** en écoutant de la **musique**

m) Mon frère **a nagé** dans la **mer**

n) **Mes** parents ont fait une **promenade**

## 15. Collocation puzzle put each item where it fits best (you can only use each number once)

Nous avons loué 15, 25    Nous avons mangé 11    Nous avons rencontré 2, 12, 22    Nous sommes allés 17, 23

Nous avons fait 4, 5    Il a fait 14, 18    Nous avons joué 10, 20    Nous nous somme levés 6, 19, 21    J'ai lu 13, 16

Nous avons bu (1) 7, 8    Nous avons voyagé 3, 9, 24

## 16. Spot and add in the missing words

a) **avons**   b) **en**   c) **était**   d) **le**   e) **dans**   f) **joué**   g) **promenade**   h) **fait**   i) **un**

## 17. Complete with a suitable word (accept other grammatically correct & logical answers)

a) tôt / tard   b) du pain grillé   c) des céréales   d) rien   e) la plage   f) voiture   g) une heure / deux heures

h) magnifique   i) beau   j) mer   k) nautique   l) bronzé   m) un sandwich   n) retourner   o) cinq   p) dîné

## 18. Translate the following sentences into French

a) Je me suis levé tôt

b) J'ai pris le petit-déjeuner

c) J'ai mangé du pain grillé avec de la confiture

d) Nous sommes sortis de l'hôtel

e) Nous avons voyagé en voiture

f) Nous sommes arrivés à neuf heures

g) Le voyage était long

h) Il faisait beau

i) Il faisait chaud

j) Nous avons nagé dans la mer

k) Nous avons fait de la plongée

l) Mon frère a bronzé

m) Il a joué au volley

n) Mes parents se sont reposés

o) Ils/elles ont lu un livre

p) Ils/elles ont dormi

## 19. Find the French equivalent

a) j'ai passé une journée   b) une ville côtière   c) on peut manger   d) fruits de mer   e) nous nous sommes tous levés

f) j'ai mangé du pain grillé   g) nous sommes partis de la maison à neuf heures   h) nous avons voyagé en voiture

i) mon père met de la musique   j) il est souvent malade   k) une fois, il a vomi

## 20. Gapped translation

a) small | house | outskirts   b) cereals | milk | orange juice   c) travelling | car | music | like   d) walk | seashore | swam | sea

e) mussels | fries | profiteroles

## 21. Answer the questions in English

a) Arcachon / small but modern house on the outskirts   b) Nothing to eat & a hot chocolate to drink

c) His dad puts on music that he likes   d) He gets sick/carsick (and vomits sometimes!)

e) They went for a walk along the seashore and then swam in the sea   f) Clear / clean and not too cold

g) In a restaurant called La Paillote, near the marina   h) He slept for the whole trip

**22. Correct the wrong statements (not all are wrong)**

a) a **coastal** town   b) many **beautiful** beaches and **good** restaurants   c) on the **seats and his brother Julien** while in the car
d) -   e) the weather was **good** all day long   f) The water was clear and clean and **not too cold**
g) the most important thing for Paul is **to have fun**   h) reading a book and **sunbathing**   i) -
j) Paul listened to music and **watched television** before going to bed

**23. Tick or cross? Tick the phrases below that are contained in the text above and the cross the ones that are not.**

a) √   b) √   c) X   d) √   e) √   f) X   g) √   h) √   i) √   j) X   k) √   l) √   m) X   n) X   o) X

**24. Translate Part 4 of the text into English**

The weather was good all day. When we arrived, we had a walk along the seashore and after we swam in the sea. The water was clear, clean and not too cold. Then, I played volleyball with my brother. I am a bit better than him, but it is not important. The most important is to have fun. Then I read a book and relaxed while sunbathing.

**25. Wordsearch: find the French translation of the sentences below and write them as shown in the example**

I got up early – **Je me suis levé tôt**   In the countryside – **À la campagne**
I had breakfast – **J'ai pris le petit-déjeuner**
We swam in the lake – **Nous avons nagé dans le lac**
A glass of milk – **Un verre de lait**   We started – **Nous avons commencé**
I travelled by car – **J'ai voyagé en voiture**
They took some photos – **Ils ont pris des photos**
The journey was long – **Le voyage était long**
They rested – **Ils se sont reposés**

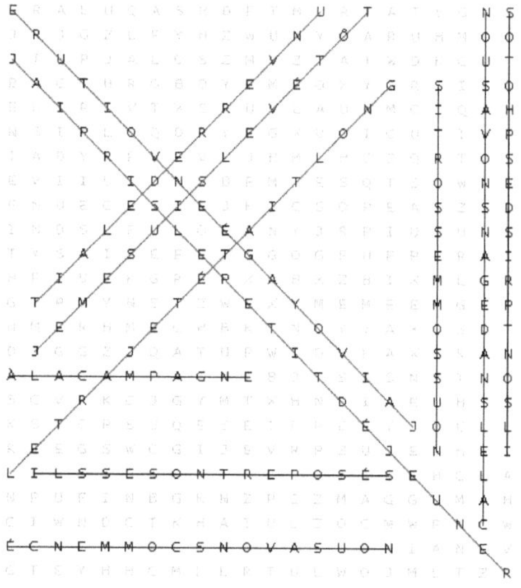

**26. Guided translation**

a) Il y a deux jours j'ai fait une excursion

b) Nous sommes sortis très tôt

c) Nous avons voyagé en voiture

d) Le voyage était long et ennuyeux

e) Nous sommes arrivés tard à la plage

f) La plage était magnifique

g) Il faisait beau

h) Ma mère a fait du ski nautique

i) J'ai bronzé en lisant un livre

j) Mon frère a joué au volley

k) Nous avons passé un bon moment

**27. Complete with the correct option**

a) excursion   b) s'est réveillé   c) s'est habillé   d) petit-déjeuner   e) un café   f) n'a pas eu   g) ont voyagé   h) a duré
i) sont arrivés   j) lac   k) a bronzé   l) a pas voulu   m) s'est détendu   n) sauvages   o) insectes

**28. Find the French equivalent in Caroline's text**

a) Je suis restée à la maison   b) Michel s'est réveillé très tôt   c) Il s'est douché, s'est habillé   d) ...et a pris un café

e) Il est sorti de la maison   f) Le trajet a duré deux heures   g) Quand il est arrivé à la plage

h) Michel a fait une promenade avec ses amis   i) Ils ont joué au volley   j) Ils se sont baignés plein de fois

k) Ils sont allés à une paillote   l) Ils se sont détendus en discutant   m) Un des amis de Michel

n) Ils sont rentrés vers six heures   o) La prochaine fois nous irons ensemble

**29. Complete the table**

ont mangé un sandwich; a nagé dans la mer; ai loué une voiture; ont loué une voiture; a bronzé au soleil; ont bronzé au soleil;

ai fait une promenade; ont fait une promenade; ai joué au volley; ai pris des photos; a pris des photos; me suis levé(e) tôt;

se sont levé(e)s tôt; ont fait de la randonnée; suis allé(e) à la campagne; est allé(e) à la campagne; est rentré(e) tard;

sont rentré(e)s tard

**30. Write two texts in French, one in the first person (*je*) and one in third person (*il/elle*)**

**1.** Il y a deux jours je suis allé en excursion à la campagne avec ma famille. Je me suis levé très tôt, vers cinq heures. Je me suis douché, je me suis habillé et j'ai pris le petit-déjeuner. J'ai mangé une banane et bu un café avec du lait. Mes parents se sont levés plus tard. Nous sommes sortis de la maison à sept heures et demie. J'ai voyagé en voiture et le trajet a duré environ une heure. Je suis arrivé à la ferme de mon oncle à huit heures et demie. Mon frère et moi sommes allés au lac avec mes cousins, et mes parents ont fait de la randonnée avec mon oncle. Il faisait très beau, donc j'ai nagé dans le lac puis j'ai bronzé. Plus tard, mes parents sont venus au lac. Ils ont bronzé en lisant et en discutant avec mon oncle et ma tante. Nous avons pique-niqué au bord du lac. Après le déjeuner, je suis allé faire de la randonnée seul. J'ai vu des animaux sauvages et j'ai pris des photos d'insectes et de fleurs. C'était très relaxant.

**2.** Hier, mon ami Michel est allé en excursion au bord de la mer. Il s'est levé très tôt, vers six heures. Il s'est douché, s'est habillé et a pris le petit-déjeuner avec sa famille. Il a mangé deux œufs et il a bu un café. Son frère et sa sœur se sont levés plus tard, et ils sont sortis de la maison vers huit heures et quart. Ils ont voyagé en car et le voyage a duré quarante-cinq minutes. Ils sont arrivés à la plage vers neuf heures. Michel a joué au volley avec son frère et sa sœur et ses parents ont fait une promenade au bord de la mer. Il faisait très chaud, donc après avoir joué au volley, ils se sont tous baignés dans la mer. Ses parents ont rencontré des gens sympas et ils ont discuté avec eux. À midi, ils ont tous mangé des sandwichs et bu du café. Ensuite, Michel a bronzé en écoutant de la musique. C'était très relaxant. C'était une journée géniale. Ils se sont tous bien amusés.

# Question Skills Unit 13

**1. Match questions and answers**

**Où es-tu allé?** – Je suis allé à Embrun
**À quelle heure tu t'es réveillé?** – Très tôt, vers six heures du matin
**À quelle heure tu t'es levé?** – Je me suis levé à six heures et quart
**Comment as-tu voyagé?** – En voiture jusqu'à la gare, puis en train
**Comment a été le voyage?** – Un peu ennuyeux, mais confortable
**Qu'est-ce que tu as fait le matin?** – J'ai pris le petit-déjeuner et j'ai été au lac
**Qu'est-ce que tu as fait le soir?** – J'ai dîné avec ma famille dans un restaurant
**Qu'est-ce que tu as visité?** – Un château médiéval et une grotte
**Combien de temps es-tu resté là-bas?** – Je suis seulement resté pour un jour
**À quelle heure es-tu rentré à la maison?** – Je suis rentré à dix heures du soir
**Qu'est-ce que tu as préféré de la journée?** – Quand nous sommes allés au lac, c'était génial!
**Qu'est-ce que tu as fait avant de te coucher?** – Je me suis douché et j'ai dormi tout de suite

**2. Complete with a suitable question word**

a) À quelle heure   b) Qu'est-ce   c) Qu'   d) Comment   e) Combien   f) Comment   g) Qui   h) Qu'est-ce que   i) Quand

**3. Translate into English**

a) How did you travel?   b) Where did you go?   c) Did you have fun?   d) Who did you meet?   e) What did you visit?
f) What did you prefer?   g) How much time did you spend there?   h) How was the weather like?

**4. Sentence puzzle rewrite the sentences**

a) Qu'as-tu fait avant de te coucher?   b) Comment as-tu voyagé?   c) Comment a été le voyage?
d) Qu'as-tu fait le matin?   e) Où es-tu allé l'après-midi?   f) À quelle heure tu t'es réveillé?
g) À quelle heure tu es rentré chez toi?   h) Qu'est-ce que tu as préféré de la journée?
i) Qu'est-ce que tu as visité?   j) Combien de temps es-tu resté là-bas?

**5. Spot and correct the mistakes**

a) Où es-tu all**é**?   b) Qu'est-ce que tu as fait avant de te couch**er**?   c) Qu'est-ce que tu **as** visité?
d) À quel**le** heure tu t'es réveillé?   e) Comment **a** été le voyage?   f) Comment as-tu voyag**é**?   g) À quelle **heure** tu t'es levé?
h) Qu'est-ce que tu as préféré?   i) Qu'est-ce **que** tu as fait le soir?   j) Combien de temp**s** es-tu resté là-bas?

**6. Write a question for each of the answers below**

a) Où es-tu allé? b) Comment as-tu voyagé? c) Qu'est-ce que tu as visité? d) À quelle heure tu t'es levé?
e) Qu'est-ce que tu as préféré? f) Comment a été le voyage? g) Combien de temps es-tu resté là-bas?
h) À quelle heure es-tu rentré à la maison? i) Comment étaient les gens? j) Qu'est-ce que tu as fait là-bas?

# Unit 14: Talking about when I went to the Nice carnival

## 1. Match

**Je suis allé à Nice** – I went to Nice

**Elle s'est réveillée** – She woke up

**Le voyage était dur** – The trip was hard

**Il y a quelques règles** – There are some rules

**Apporter de l'alcool** – Bring alcohol

**Porter un déguisement** – To wear fancy dress

**Pour participer à** – To take part in

**On a loué une voiture** – We rented a car

**Nous sommes arrivés tôt** – We arrived early

**On ne doit pas** – One must not

**Il est recommandé de** – It's recommended

**C'était nuageux** – It was cloudy

## 2. Missing letters

a) Le week-end dernier  b) Je suis allé à Nice  c) Je me suis levé très tôt  d) Le jour du carnaval  e) Pendant le carnaval

f) Il y a quelques règles importantes  g) Il a plu un peu  h) Le matin  i) Des lunettes de soleil

j) Nous avons beaucoup rigolé  k) Nous avons rencontré des gens sympas

## 3. Faulty translation

a) My **best** friend  b) **He** woke up at eight  c) We arrived **early**  d) The trip was **hard**  e) To bring **alcohol**

f) **Sunglasses**  g) It was **stormy**  h) It rained **a bit**  i) I **laughed** a lot  j) I returned **to the hotel**  k) I **went to bed** at ten

## 4. Spot and add in the missing word

a) J'ai voyagé **en** voiture  b) Le voyage **était** long  c) Pendant **le** carnaval  d) **Des** gens sympas  e) On ne doit **pas**

f) Il y avait **du** soleil  g) Il a plu un **peu**  h) J'ai pris **beaucoup** de photos  i) Je **suis** rentré  j) Je **me** suis couché

k) Il **faisait** beau

## 5. Sentence puzzle

a) Le week-end dernier je suis allé à Nice  b) Pour participer au carnaval  c) Pour trouver un bon emplacement

d) Il y a quelques règles importantes  e) On ne doit pas apporter d'alcool  f) Il a plu un peu l'après-midi

g) C'était une expérience incroyable  h) J'ai rencontré des gens sympas  i) Nous avons beaucoup rigolé

## 6. Complete with the verb in the perfect form

a) La semaine dernière je **suis allé** à Nice  b) Mon ami et moi **avons voyagé** en train  c) Je **me suis levé** tôt, à sept heures

d) Nous **sommes arrivés** tôt en ville  e) J'ai rencontré beaucoup de gens sympas  f) Je **suis rentré** à l'hôtel à pied

g) Nous **avons pris** beaucoup de photos  h) Nous **avons** beaucoup **rigolé**  i) Je **me suis douché** à l'hôtel

j) Puis, je **me suis reposé**  k) Mon ami et moi **nous nous sommes couchés** tard  l) C'**était** une expérience mémorable

## 7. Bonne ou Mauvaise idée?

a) Mauvaise idée  b) Mauvaise idée  c) Bonne idée  d) Mauvaise idée  e) Mauvaise idée  f) Bonne idée  g) Mauvaise idée

## 8. Gapped translation

a) weekend  b) take part  c) best  d) travelled  e) some  f) alcoholic drinks  g) good  h) rained  i) spot  j) met

## 9. Translate into English

a) In the morning  b) It was cloudy  c) But later the weather was good/nice  d) I met a lot of people  e) I laughed a lot

f) We took a lot of photos  g) It was cold  h) We returned to the hotel  i) We showered  j) We had dinner late

k) I had a rest after dinner  l) It was an unforgettable experience

## 10. Sentence puzzle: rewrite the sentences in the correct order

a) Je suis allé à Nice pour participer au carnaval  b) J'ai voyagé en avion et puis en voiture

c) Le voyage était long mais amusant  d) Pendant le carnaval il y a quelques règles

e) On ne doit pas apporter de boissons alcoolisées  f) Il est recommandé de porter un déguisement

g) J'ai rencontré un garçon très sympa  h) Nous avons pris beaucoup de photos

**11. Find someone who…**

…thinks there are too many rules - **Léon**  
…went to Nice a long time ago - **Rose**  
…thinks the rules are important for safety - **Natasha**  
…had really good weather all day - **Matéo**  
…enjoyed the shower at the end of the day - **Jean**  
…loves that they could meet new people - **Matéo**  
…had a lot of rain and got drenched - **Denis**  
…experienced a storm in the afternoon - **Dylan**  
…hasn't met anyone due to poor weather - **Dylan**  
…went for food straight after the carvival - **Léa**  
…had an unforgettable experience - **Arielle**  
…was dressed up as a mermaid: - **Sarah**

**12. Gapped translation**

a) A week **ago** I **went** to Nice with my **best** friend to take part in the carnival

b) We **travelled** by plane because it is **fast** and then we rented a **car**

c) The **journey/trip** was long and **boring**. I got really **bored** and my friend **too/also**

d) On the **day** of the carnival we **got up** early to **get** a good spot

e) It is **recommended** that you wear **fancy dress** and **sunglasses**

f) One should not bring **alcoholic drinks** nor **fireworks**

g) I met lots of fun **people**. We **laughed** a lot and **took** some photos **together**

**13a. Complete the grid with the appropriate preterite <u>reflexive</u> verb forms**

me suis couché – **nous nous sommes couchés**    me suis levé – nous sommes levés

me suis douché – **nous nous sommes douchés**    me suis réveillé – nous sommes réveillés

**13b. Complete the grid with the appropriate perfect tense <u>regular</u> verb forms**

ai rencontré – **avons rencontré**    ai mangé – avons mangé    ai voyagé – **avons voyagé**    suis arrivé – sommes arrivés

**14. Complete with a suitable word**

Accept any correct suggestion.

**15. Find the French equivalent**

a) J'ai passé un moment mémorable   b) Participer   c) Nous nous sommes réveillés   d) On a loué une voiture

e) Nous sommes arrivés tôt   f) Durant le carnaval   g) Il y a quelques règles   h) Des lunettes de soleil   i) Il faisait beau

j) (Nous) avons pris beaucoup de photos   k) C'était vraiment génial   l) Finalement, nous nous sommes couchés

m) Une expérience inoubliable

**16. Answer the questions in French in full sentences, as if you were Marc**

a) Je suis allé à Nice le week-end dernier   b) J'y suis allé avec mon meilleur ami Christophe

c) J'ai voyagé en avion et puis j'ai loué une voiture   d) C'est important pour éviter les problèmes

e) Il est recommandé de porter un déguisement afin de créer une vraie atmosphère de fête

f) Il faisait beau le matin   g) J'ai rencontré beaucoup de gens sympas et j'ai pris beaucoup de photos

h) J'ai mangé des fruits de mer au restaurant

**17. Complete the sentences**

a) funny | sporty   b) woke up | five   c) listening | looking at   d) early | good spot   e) alcohol | fireworks | avoid

f) returned | showered

**18. Find the French equivalent**

a) était assez intéressant   b) participer   c) jouer de la guitare   d) le jour du voyage   e) ce n'était pas marrant du tout

f) pour trouver un bon emplacement   g) afin de s'amuser encore plus   h) pour éviter les accidents

i) j'ai perdu mon appareil photo   j) je déteste quand il y a trop de monde   k) je ne voudrais jamais y retourner

**19. Translate into English the following sentences from the text above**

a) In the southeast of France   b) I woke up at five in the morning   c) It wasn't fun at all

d) There are a few rules to respect   e) It's forbidden to bring fireworks   f) The weather was good, but it was too hot

g) I was happy because this day was finished   h) It was a disappointing experience

**20. True, False, or Not mentioned Write T/F/NM & correct the wrong statements**

a) **T**   b) **F** – It was not fun at all   c) **F** – They arrived early   d) **F** – He didn't meet anyone   e. **NM**

f) **F** – He didn't like the weather at all   g) **T**   h) **F** – He never wants to return

**21. Complete the text below with one of the options below**

Le mois dernier je **suis allé** avec mon cousin à Nice, pour participer au carnaval. Le jour du voyage, je me suis réveillé très tôt, à six heures. J'ai voyagé en avion et puis j'**ai loué** une voiture. Le trajet était long, mais amusant. Je me suis détendu en **écoutant** de la musique. Le jour du carnaval, nous sommes arrivés tôt pour trouver un bon **emplacement**. Pendant le carnaval, il y a **quelques** règles importantes. La plus importante est de ne pas **apporter** d'alcool. Le matin, **il a plu** et il y a eu de l'orage, mais l'après-midi il **a fait** beau. Pendant le **carnaval**, j'ai rencontré plein de gens sympas et mon cousin et moi nous avons beaucoup **rigolé**. Le soir, je suis rentré à l'hôtel et je me suis **douché**. Ensuite, je suis allé au restaurant avec mon **cousin** et nous avons bien mangé. **C'était** une expérience inoubliable. Je **voudrais** encore y retourner l'an prochain.

**22. Jigsaw reading arrange the text in order**

5, 9, 1, 6, 4, 2, 8, 10, 7, 3, 11

**23. Translate the sentences below into French using: *On (ne) doit (pas) + infinitive***

a) On ne doit pas amener de boissons alcoolisées   b) On ne doit jamais amener de feux d'artifice

c) On doit porter un déguisement   d) On doit porter des lunettes de soleil   e) On ne doit pas arriver trop tard

f) On doit se lever tôt

**24. Translate the sentences below into French using the perfect tense**

a) je me suis levé(e)   b) je suis allé(e)   c) j'ai voyagé  d) je suis arrivé(e)   e) j'ai rencontré   f) j'ai pris

g) je me suis couché(e)   h) j'ai rigolé   i) je suis sorti(e)   j) je suis rentré(e)   k) je me suis reposé(e)   l) j'ai mangé

**25. Translate the sentences below into French using the perfect tense**

a) Nous nous sommes réveillés très tôt   b) Nous avons rencontré beaucoup de gens sympas   c) Nous avons beaucoup rigolé

d) Nous avons pris une douche   e) Nous sommes arrivés tôt   f) Nous avons mangé au restaurant

**26. Guided translation**

a) L'été dernier, je suis allé à Nice   b) J'y suis allé avec mon meilleur ami Jean

c) Nous y sommes allés pour participer au carnaval   d) Il y a des règles importantes

e) On ne doit pas amener des boissons alcoolisées   f) Le matin il faisait beau, mais l'après-midi il a plu

g) Pendant le carnaval, j'ai pris beaucoup de photos   h) J'ai rencontré des gens sympas et nous avons beaucoup rigolé

**27. Translate the following text into French**

Salut. Je m'appelle Pierre. L'année dernière je suis allé dans le sud-est de la France à Nice. Je suis allé participer au carnaval de Nice. Je suis allé avec mon meilleur ami Thomas. Il est gentil et amusant. Nous avons voyagé en avion et puis en train. Le voyage était très long, mais assez marrant. Le jour du carnaval, nous sommes arrivés assez tôt pour trouver un bon emplacement. Dans ce carnaval, il y a des règles importantes. On ne doit pas amener de boissons alcoolisées ou de feux d'artifice. Aussi, il est recommandé de porter un déguisement et des lunettes de soleil. Le matin, il faisait beau et très chaud. Plus tard, il y a eu un orage et il a beaucoup plu. Pendant le carnaval, j'ai pris beaucoup de photos et j'ai beaucoup rigolé, c'était incroyable! L'après-midi, nous sommes retournés à l'hôtel, nous nous sommes douchés et plus tard nous avons mangé au restaurant. Je me suis couché à dix heures. C'était une expérience inoubliable et je voudrais y retourner l'année prochaine.

**28. Write a 150 to 250 words paragraph in which you talk about a make-believe, trip to the Nice carnival.**

Students own answer, based on language from this unit.

# Question Skills Unit 14

## 1. Match questions and answers

**Où es-tu allé?** – Je suis allé à Nice dans le sud-est de la France

**Avec qui es-tu allé?** – Je suis allé avec mon cousin

**Comment as-tu voyagé?** – J'ai voyagé en avion et puis j'ai loué un vélo

**Comment était le voyage?** – C'était long, mais j'ai bien aimé le vol

**Où as-tu logé?** – J'ai logé dans un hôtel bon marché

**Qu'as-tu fait le jour du carnaval?** – Je me suis déguisé et j'ai pris des photos

**Quelle règle est importante?** – Il est interdit d'apporter des feux d'artifice

**Comment était le carnaval?** – À mon avis, le carnaval était très divertissant

**Qu'as-tu fait le soir après le carnaval?** – Je suis rentré à l'hôtel et j'ai dîné

**Quel temps faisait-il?** – Il a fait beau le matin et ensuite il a plu

**Qu'est-ce que tu as préféré de ta journée?** – Le mieux, c'était les déguisements des gens

**Comment as-tu trouvé cette expérience?** – J'ai adoré, c'était vraiment mémorable

**Tu voudrais y retourner un jour?** – Oui, j'aimerais bien encore y retourner

## 2. Sentence puzzle

a) Parle-moi de ton voyage à Nice   b) Pourquoi as-tu décidé d'aller au carnaval?   c) Comment était le voyage?

d) Qu'as-tu fait le jour du carnaval?   e) Quel temps faisait-il le matin?   f) À quelle heure es-tu arrivé en ville?

g) Qu'as-tu fait le soir?   h) Qu'est-ce que tu as préféré?   i) Comment as-tu trouvé cette expérience?

j) Tu voudrais y retourner à l'avenir?   k) Qu'as-tu fait après le carnaval?

## 3. Guided translation

a) Quand es-tu allé à Nice? Comment as-tu voyagé?   b) Avec qui es-tu allé?   c) Quel temps faisait-il le matin?

d) Où as-tu logé? C'était comment?   e) Quelle règle est importante?   f) Qu'as-tu fait le jour du carnaval?

g) Qu'est-ce que tu as préféré?

## 4. Answer the following questions in your own words, using full sentences

Students own answer, based on language from this unit.

# Vocab Revision Workout 7

**1. Gapped translation**

a) month   b) boat   c) nice/good   d) cheap   e) far   f) liked   g) things

**2. Verb anagrams**

a) passé   b) faisait   c) sommes   d) logé   e) avait   f) mangé   g) joué   h) avons

**3. Select the correct auxiliary form for each verb in the perfect tense**

a) ont   b) ai   c) a   d) sont   e) est   f) a   g) avons   h) est   i) suis   j) avons   k) ont   l) a   m) sont   n) a

**4. Complete with any suitable verb, using the third person singular of the perfect tense**

a) est allé   b) a fait   c) a vu   d) a fait   e) a joué   f) est reposé   g) est levé   h) a pris   i) a été   j) a fait

k) ont acheté   l) a lu   m) a passé   n) a écouté

**5. Match questions and answers**

**Où es-tu allé en vacances?** – À Cannes, sur la Côte d'Azur

**Quand es-tu parti?** – Le quinze août

**Comment as-tu voyagé?** – Nous avons loué une voiture de sport pour y aller

**Avec qui es-tu allé?** – Avec ma famille

**Où as-tu logé?** – Dans un hôtel très cher au bord de la mer

**Où était la plage?** – Elle était à cinq minutes de l'hôtel à pied

**Comment était l'hôtel?** – Il était luxueux, très chic et moderne

**Il y avait quoi à l'hôtel?** – Une très grande piscine, un gymnase et trois restaurants

**Combien de temps es-tu resté?** – Une semaine seulement

**Comment était ta chambre?** – Elle était très spacieuse et bien entretenue

**Il y avait quoi dans ta chambre?** – Un lit confortable, un bureau, un sofa et une télé

**6. Complete**

a) Je suis allé en vacances en Allemagne   b) J'ai voyagé en car   c) J'y suis allé avec ma famille   d) Le voyage était ennuyeux

e) Je n'ai pas beaucoup aimé l'hôtel   f) Nous avons passé un bon moment   g) Nous avons logé dans une auberge de jeunesse

h) Cependant, il y avait beaucoup à faire   i) Il y avait une piscine et un gymnase

**7. Translate into French**

a) Le premier jour nous avons visité le musée   b) Le deuxième jour nous avons loué un vélo

c) Le troisième jour nous avons fait du tourisme   d) Le matin, elle s'est levée tard   e) J'ai bronzé sur la plage jusqu'à midi

f) Nous avons fait de la randonnée tous les jours   g) Hier, il a fait une promenade   h) Nous avons nagé dans la mer

i) Nous avons logé dans un hôtel bon marché   j) Le soir, mes parents sont allés en boîte   k) Ils ont goûté plein de plats typiques

**8. Translate into French**

L'été dernier, mon frère aîné est allé en France avec sa copine.

Il sont restés dans une petite ville sur la Côte d'Azur à une heure de Nice.

Ils ont loué une maison pas loin de la plage.

La maison était propre et confortable. Il y avait une télé, mais pas internet.

La plage était belle, donc ils y ont passé tous les jours à bronzer, nager, faire de longues promenades au bord de la mer et regarder les couchers de soleil.

Le soir, ils sont allés au restaurant et ont goûté des plats typiques locaux.

Le mieux, c'était quand ils sont allés faire de la plongée.

# Unit 15: Talking about a trip to Biarritz & Toulouse – past & future

**1. Match**

**C'était sale** – It was dirty  **C'est une ville historique** – It's a historic city  **C'est sur la côte** – It's on the coast
**Le voyage a duré** – The journey lasted  **Les gens étaient** – The people were  **C'était dans le centre** – It was in the centre
**Nous avons logé** – We stayed  **Le voyage était** – The journey was  **C'était divertissant** – It was entertaining
**Ce que j'ai préféré** – What I preferred  **C'était propre** – It was clean  **Il faisait beau** – The weather was nice
**J'aimerais retourner** – I would like to go back

**2. Complete the words**

a) Un musée  b) Nous avons logé  c) Les gens  d) Le voyage  e) J'ai aimé  f) Inoubliable  g) Bon marché

h) Accueillant  i) C'était propre  j) Finalement  k) Le personnel

**3. Break the flow**

a) Il y a deux jours je suis allé à Biarritz  b) Biarritz est une très belle ville  c) Le voyage était assez long

d) Le trajet a duré une heure  e) Nous avons logé à l'hôtel  f) Les gens étaient vraiment aimables

g) L'hôtel était propre et bien tenu  h) C'était loin du casino  i) Je me suis baigné à la plage

**4. Complete with the missing words**

a) Il y a deux **jours** j'ai été à Biarritz  b) Le voyage a duré deux **heures**  c) Biarritz est une **belle** ville
d) C'est situé dans le **sud** de la France  e) Nous avons voyagé en **voiture**
f) Nous avons logé dans un hôtel **en ville**, près du casino  g) **C'était** propre et le personnel était aimable et **accueillant**
h) Il a fait **beau**  i) Nous avons visité la **basilique** et le **casino**
j) Nous avons mangé du **poisson** frais dans un restaurant typique sur le port
k) Nous avons loué un vélo et fait un **tour** dans le centre-ville  l) Le soir, mon frère aîné est allé en **boîte**
m) J'aimerais bien y **retourner** l'an prochain

**5. Spot and correct the nonsense sentences**

a) Biarritz est une belle **ville**  b) Le voyage a duré **une heure**  c) –  d) Malheureusement, il faisait **mauvais**
e) Nous avons fait du tourisme dans **la vieille ville**
f) Nous avons mangé du **poisson** frais dans un restaurant typique sur le port
g) Nous avons loué un avion et nous sommes allés **en vacances**  h) -

**6. Sentence puzzle**

a) Il y a une semaine j'ai été à Biarritz  b) Le voyage était assez long  c) Nous avons passé deux jours à Biarritz
d) Nous sommes arrivés le samedi matin  e) Nous avons logé dans un très bon hôtel  f) L'hôtel était près du centre-ville
g) Nous avons visité une grande basilique  h) Nous sommes aussi allés à la plage
i) Nous avons goûté des plats typiques  j) Nous avons mangé des fruits de mer dans un restaurant au port de plaisance

**7. Gapped translation**

a) **Last week** I went to Biarritz  b) We travelled by **coach**. It was very **slow**  c) We woke up **very early**
d) The journey was **long** and **tiring**  e) We stayed in a **three-star** hotel  f) The hotel was **near** the casino
g) We spent two **unforgettable days**  h) We **ate** tasty **dishes**  i) We **went** to the **beach**
j) We went for a stroll in the **old** town  k) The hotel staff was **welcoming**

**8. Translate into English**

a) Last month  b) I spent two unforgettable days  c) I stayed in a youth hostel
d) It was near the beach, a 5-minute walk away  e) I rented a bicycle and went sightseeing
f) We took photos of monuments  g) What I preferred were the restaurants  h) We have tried lots of typical dishes
i) I bathed in the sea every day  j) I met lots of welcoming people

**9. Guided translation**

a) La semaine dernière   b) J'ai passé trois jours à Biarritz   c) Nous avons voyagé en car

d) Nous avons logé dans un hôtel bon marché   e) L'hôtel était près de la plage   f) Tous les jours nous avons fait du tourisme

g) Le dernier jour j'ai loué un vélo   h) Nous avons vu la basilique   i) Nous avons visité la vieille ville   j) Près du musée

k) Nous avons rencontré des garçons sympas   l) Nous sommes allés à la plage avec eux

**10. Find the French equivalent of the following in Parts 1 and 2 of Benoît's text**

a) Près d'un lac et de montagnes   b) Il y plein de choses à faire   c) Ce que je préfère   d) Nous avons voyagé

e) C'était rapide et confortable   f) Nous avons logé   g) Les gens de l'hôtel étaient très aimables

**11. Complete the statements below based on the content of Parts 3 & 4**

a) Every day Benoît woke up **early**   b) After breakfast he went **for a walk** in town

c) One day he ate **seafood** in the port   d) It was the **best** he has had in his life   e) The water was **clean** but quite **cold**

f) His parents didn't go to **the beach**   g) They went on **day trips** every day and visited **historic sites** in the region

h) He thinks his parents are a bit **boring**

**12. Tick the words/phrases contained in part 4 and cross out the ones that aren't**

a) ~~However~~   b) ~~Always~~   c) **We spent**   d) **On the last day**   e) **Boring**   f) ~~It was sunny~~   g) **To sunbathe**

h) **Beach**   i) **She gave me**   j) **We are now in contact**

**13. Answer the following questions about Benoît's whole text**

a) It is quite far from Annecy.   b) In quite a cheap hotel, near the centre.   c) It was the best he's ever had in his life.

d) Because they went sightseeing (instead) every day.   e) Went the the beach to relax and sunbathe.

f) Intelligent, sporty, funny.   g) Chat together.   h) He loved Biarritz and would like to return and if possible, see Lorea again.

**14. Complete the table**

Tomorrow – **Demain**   Le voyage dure – **The trip lasts**   Nous allons voyager – **We are going to travel**   By car – **En voiture**
En avion – **By plane**   Je vais loger – **I am going to stay**   We are going to stay – **Nous allons loger**
Ce sera inoubliable – **It will be unforgettable**   On the first day – **Le premier jour**   Le deuxième jour – **On the second day**
Nous allons visiter – **We are going to visit**   Je vais faire du tourisme – **I am going to go sightseeing**
We are going to taste – **Nous allons goûter**   We are going to eat – **Nous allons manger**

**15. Complete with a suitable word (accept any other correct suggestions)**

a) vais   b) copine/famille/mère/sœur   c) avion/bateau/train/voiture   d) hôtel   e) any food and drinks acceptable

f) moto/voiture   g) sites/monuments, ville   h) photos   i) visiter/voir   j) tour   k) explorer/visiter/voir   l) intéressant/amusant

**16. Slalom translation**

a) C'est une ville historique dans le sud-ouest de la France   b) Nous allons peut-être louer un vélo

c) L'hôtel est près de la rue principale   d) Le voyage dure plus ou moins une heure

e) Nous allons loger dans un hôtel bon marché   f) Je vais aller faire un tour dans la vieille ville

g) Mon frère va prendre beaucoup de photos   h) Je vais goûter des plats typiques   i) Je crois que le voyage sera inoubliable

**17. Multiple choice choose the correct translation**

a) I am going to stay   b) We are going to go out   c) I am going to travel   d) I am going to have fun   e) I am going to rest

f) He is going to taste   g) She is going to buy   h) I am going to rent   i) They are going to see   j) I am going to dance

k) They are going to go

**18. Complete with the correct option**

a) **manger**   b) **faire**   c) **visiter**   d) **louer**   e) **acheter**   f) **faire**   g) **loger**   h) **voyager**   i) **sortir**

j) **faire**   k) **prendre**   l) **promener**

**19. Complete the table**

J'ai voyagé en voiture – **Je vais voyager en voiture**    **J'ai mangé** – Je vais manger

J'ai logé à l'hôtel – **Je vais loger à l'hôtel**    **Où es-tu allé?** – Où vas-tu aller?

Qu'as-tu fait? – **Que vas-tu faire?**    **Mon frère est sorti en boîte** – Mon frère va sortir en boîte

Ma mère a acheté de souvenirs – **Ma mère va acheter des souvenirs**

**Mon père a pris des photos** – Mon père va prendre des photos

Mon frère et moi avons acheté des vêtements – **Mon frère et moi allons acheter des vêtements**

**Nous avons bronzé** – Nous allons bronzer    Mes parents ont visité des musées – **Mes parents vont visiter des musées**

**20. Answer the following questions about Parts 1 to 3 of Véronique's text**

a) Greece (but originally from Le Mans)   b) Her best friend   c) Coach and train

d) The French high speed train – because it stands for Train à Grande Vitesse   e) A youth hostel in the city centre

f) Morning walk in the Godolin park  /  Evening ate duck confit in a local restaurant

g) Morning went to the museum of fine arts  /  Afternoon nothing special / walk in town / rest in the hostel

h) A painter/artist   i) Because they were tired

**21. Complete the translation of Part 4**

I loved the **trip/journey**. I **think** that Toulouse is my favourite **city** in France. For that matter, next weekend I am going to **return to** Toulouse again! On Friday **evening**, I am going to **travel** to Toulouse by **train**. On the **first** day, in the morning, I am going to go for a **walk** in the old **town**. After that I am going to go and **see** the Jardin des Plantes. In the **evening** I am going to go out **in the city centre,** and I am going to eat in a very **well-known** local restaurant.

**22. Find the French equivalent in the text**

a) train à grande vitesse   b) a seulement duré   c) une auberge de jeunesse   d) nous étions fatiguées   e) confit de canard

f) le week-end prochain   g) un chef d'œuvre   h) du peintre   i) rien de spécial   j) j'ai adoré le voyage   k) d'ailleurs

l) je vais revenir   m) la vieille ville   n) très connu   o) j'ai vu des photos   p) cela a l'air tranquille   q) j'ai hâte   r) découvrir

**23. Complete the text below choosing from the options provided**

Salut, je m'appelle Alexandre. Je **suis** de Calais, dans le nord de la France, mais **j'habite** en Italie. L'an passé **je suis allé** en vacances à Sète, dans le sud de la France. J'**ai voyagé** avec mon meilleur ami Marc. Calais **est** très loin de Sète. Nous **avons voyagé** en train de Calais jusqu'à Nîmes et **puis** nous avons pris le car jusqu'à Sète. Je n'ai pas aimé **du tout** le car. J'ai été malade et j'ai dû vomir dans un sac en **plastique**. Le voyage en car **a duré** plus ou moins une heure et demie.

**25. Gapped translation**

a) L'an **passé** je suis allé en vacances **à** Sète   b) Je n'ai pas **aimé** le voyage en **car**   c) …**mais** j'ai **adoré** le train

d) Le premier jour je **me suis levé** tôt   e) **À** Toulouse aussi il **faisait** beau   f) Il **a plu** seulement un **jour**

g) Nous **avons pris** le train **jusqu'à** Nîmes   h) Mes parents **ne sont pas allés** à la plage   i) Le **soir**, nous n'avons **rien** fait

j) Ce que j'ai **préféré**, c'étaient les fruits de **mer**   k) Un jour, j'ai **rencontré** une **fille** sympa

**26. Translate into French**

a) L'an passé / L'année dernière   b) Nous sommes allés en vacances   c) À Sète   d) Dans le sud de la France

e) C'est une jolie ville   f) Sur la côte   g) Nous avons voyagé   h) En train   i) Nous avons loué un vélo

j) Nous avons logé / Nous sommes restés   k) Un hôtel bon marché   l) Une auberge de jeunesse   m) C'était dans le centre

n) Près de la rue principale   o) Nous avons fait une promenade   p) Dans la vieille ville

**27. Find the French equivalent**

a) Il fait souvent beau et chaud   b) Nous prenons un car   c) On peut voir   d) Les rues typiques   e) Le trajet a duré

f) Nous avons logé   g) J'ai adoré les bâtiments anciens   h) Je vais aller   i) Une ville britannique   j) Un des meilleurs hôtels

k) Nous allons visiter   l) Il y a plein de choses à faire   m) Prendre des photos du détroit   n) Une grotte énorme

**28. Answer in English**

a) It is often sunny, and the weather is nice   b) The people are friendy & nice, and the food is delicious

c) An old Roman bridge   d) They went on a boat on the river with a guide   e) Next year   f) English and Spanish

g) Excellent sea views   h) At a café called Sacarello's   i) It is one of the oldest in Europe

j) See monkeys, take photos of the straits, visit the cave, visit the beaches   k) Clear, warm and clean   l) San Miguel's cave

**29. Translate the following into English**

a) In the south of the country   b) What I prefer   c) Last month   d) We stayed   e) The old buildings

f) With false/fake windows   g) The people   h) Sea views   i) To go for a walk   j) It will be exciting

**30. Spot and correct the mistakes with the verbs**

a) Hier, elle est all**é**e à Toulouse   b) Mes parents **ont** fait des excursions   c) -   d) -   e) Mes parents **ont** loué des vélos

f) -   g) Ma mère **va** acheter de souvenirs   h) Moi, je **vais** aller à la plage   i) -   j) Nous **sommes** allés visiter la vieille ville

k) Mes frères **ont** passé un bon moment   l) -   m) -   n) Mon père s'est **reposé** à l'hôtel

**31. Complete with *j', je, tu, il/elle, nous, vous* or *ils/elles* (any gender)**

a) Nous   b) Tu   c) Ils/Elles   d) Vous   e) Je   f) J'   g) Ils/Elles   h) Je   i) Tu   j) Il/Elle   k) Nous   l) Ils/Elles

m) Il/Elle   n) Il/Elle

**32. Translate the following texts into French**

**1.** Je m'appelle Philippe et je suis de Nantes, dans l'ouest de la France. Normalement, je vais en vacances à Crozon, dans le nord-ouest de la France. J'aime beaucoup cela, mais il pleut toujours. L'an passé, je suis allé en vacances à Nice dans le sud-est de la France, avec mon meilleur ami Charles. Charles est très grand et marrant. Nous sommes allés à Nice en train et nous avons logé dans une auberge de jeunesse. À Nice, nous avons fait une promenade en centre-ville et nous avons acheté des souvenirs. Un jour, nous avons vu un spectacle de marionnettes. C'était un voyage passionnant et je voudrais y retourner.

**2.** Je m'appelle Jules et je suis de Lyon, dans l'est de la France. Normalement, je vais en vacances à Paris, dans le centre de la France. J'aime beaucoup cela, car les gens sont très sympas. L'année dernière, je suis allé en vacances à Colmar, dans le nord-est de la France, avec ma petite amie Marie. Marie est intelligente et travailleuse. Nous sommes allés à Colmar en car et nous avons logé dans un hôtel bon marché. Nous avons visité la vieille ville et nous sommes allés au musée du jouet. Un jour, nous avons fait une promenade le long de la Petite Venise. C'était un voyage divertissant et nous voudrions y retourner l'année prochaine.

**3.** Je m'appelle Caroline et je suis de Grenoble, dans le sud-est de la France. Normalement, je vais en vacances au Portugal. J'aime beaucoup cela car il fait beau et la nourriture est délicieuse. L'année dernière, je suis allé en vacances à Calais, dans le nord de la France, avec ma meilleure amie Anne. Anne est forte et très gentille. Nous sommes allés à Calais en avion et nous avons logé dans un hôtel de luxe. Nous avons vu le phare de Calais, et nous avons aussi visité l'église Notre-Dame. Le mieux, c'étaient les gens et la nourriture. C'était un voyage intéressant et j'aimerais y retourner un jour.

# Question Skills Unit 15

**1. Match questions and answers**

**Où es-tu allé?** – À Nice dans le sud-est de la France

**Comment as-tu voyagé?** – En car

**Comment était le voyage?** – C'était très long et fatigant

**Où as-tu logé?** – Dans une auberge de jeunesse très propre

**Qu'as-tu vu?** – J'ai vu beaucoup de monuments anciens

**Qu'as-tu fait à Nice?** – J'ai fait du tourisme et du vélo en ville

**Qu'as-tu visité?** – J'ai visité un musée, un château et une église

**Quel temps faisait-il?** – Il faisait beau tous les jours

**Qu'est-ce que tu as préféré?** – Ce que j'ai préféré, c'était la nourriture

**Comment étaient les gens?** – Les gens étaient très accueillants et sympas

**Tu voudrais y retourner un jour?** – Oui, je voudrais vraiment y retourner

**2. Sentence puzzle**

a) Où es-tu allé en vacances l'été dernier?   b) Comment étaient les gens à Nice?

c) Quel temps faisait-il pendant les vacances?   d) Qu'est-ce que tu as préféré?

e) Pourquoi voudrais-tu y retourner?    f) Quels sites historiques as-tu visité à Nice?   g) Qu'as-tu fait le soir?

h) Que vas-tu faire l'été prochain?    i) Avec qui vas-tu voyager?

**3. Guided translation**

a) Où es-tu allé le week-end dernier?  b) Comment as-tu voyagé?  c) Avec qui as-tu voyagé?  d) Combien de jours es-tu resté?

e) Comment était le voyage?  f) Où es-tu resté?  g) Qu'as-tu fait l'après-midi?  h) Qu'as-tu visité?  i) Quel temps faisait-il?

j) Qu'est-ce que tu as préféré?

**4. Write a question for each of the answers below**

a) Comment vas-tu voyager?   b) Combien de temps vas-tu rester là-bas?   c) Quel temps faisait-il?

d) Tu as aimé le voyage?   e) Qu'est-ce que tu as fait?   f) Avec qui as-tu voyagé?

g) Qu'est que tes parents ont fait?   h) Qu'est-ce que vous avez vu?   i) Où avez-vous logé?   j) Où était l'hôtel?

**5. Spot and correct the mistakes in the French sentences**

a) **Quand** es-tu allé en France?  b) Avec **qui** as-tu voyagé?  c) **Comment** était le voyage?  d) **Où** as-tu logé?

e) Quels endroits **a-t-il** visité?  f) Pourquoi **tu n'as** pas aimé?  g) Qu'**ont-ils** fait le soir?  h) Tu voudrais y **retourner**?

**6. Translate into French**

a) Où es-tu allé?  b) Avec qui es-tu allé?  c)  Combien de temps es-tu resté là-bas?  d) Où as-tu logé?

e) Comment était l'hôtel?  f) Qu'as-tu fait le matin?   g) Qu'as-tu fait le soir?   h) Qu'est-ce que tes parents ont fait?

i) Tu voudrais y retourner un jour?

www.ingramcontent.com/pod-product-compliance
Lightning Source LLC
LaVergne TN
LVHW070955180726
843512LV00017B/1245